삶에 적용하는

그리스도의 명령

제1권

예수님의 지상명령(至上命令) 교육과정

"나의 계명을 지키는 자라야 나를 사랑하는 자니 나를 사랑하는 자는 내 아버지께 사랑을 받을 것이요 나도 그를 사랑하여 그에게 나를 나타내리라"

요한복음 14:21

아이비엘피코리아

Published by the Institute in Basic Life Principles

www.kr.iblp.org

삶에 적용하는 그리스도의 명령, 제1권

Commands of Christ, Series One

2016년 5월 15일 초판 1쇄 발행

펴낸이 아이비엘피코리아(IBLP-Korea)
홈페이지 www.kr.iblp.org
이메일 office@kr.iblp.org
등록 2007.11.12 제60호
ISBN 978-89-94905-22-8
정가 10,000원

이 책의 성경구절은 개역개정성경을 사용하였습니다.

Painting and photograph credits:
Front cover, page 5—Severt Andrewson, after Road to Emmaus by R. Zünd; Back cover, page 5—Charles Vickery, courtesy of Clipper Ship Gallery of LaGrange, Illinois; page 20—Rowan Gillson; page 59—Anna Storm; page 60—Will Thornton; page 61—Will Thornton; page 64—Will Thornton; page 70—Timus Rees; page 73—Will Thornton; page 78—Meta Thur Olson and Kenneth Olson; page 89—Meta Thur Olson and Kenneth Olson

목 차

예수님의 지상명령(至上命令)

"그들이 서로 말하되 길에서 우리에게 말씀하시고 우리에게 성경을 풀어 주실 때에 우리 속에서 마음이 뜨겁지 아니하더냐 하고" _누가복음 24:32

제자를 만들라는 명령

예수님께서 제자들에게 내리신 마지막 명령은 모든 민족을 제자로 만들라는 것이었다. 이 명령은 주님을 따르려는 모든 사람에게 여전히 유효하다.

> "예수께서 나아와 말씀하여 이르시되 하늘과 땅의 모든 권세를 내게 주셨으니 그러므로 너희는 가서 모든 민족을 **제자로 삼아** 아버지와 아들과 성령의 이름으로 세례를 베풀고 **내가 너희에게 분부한 모든 것을 가르쳐 지키게 하라** 볼지어다 내가 세상 끝날까지 너희와 항상 함께 있으리라 하시니라" (마태복음 28:18-20).

제자양육의 기본은 예수님의 모든 명령을 가르치는 것임을 주목하라. 예수님의 명령은 우리 인생의 항로 내내 우리를 안내할 신호등과 같다. 반면에 우리가 삶에서 겪는 모든 갈등은 예수님의 명령을 하나 이상 등한시하거나 거역한 데서 그 원인을 찾을 수 있다. 예수님의 명령이 그토록 중요한 이유가 바로 여기에 있다. "하나님을 사랑하는 것은 이것이니 우리가 그의 계명들을 지키는 것이라 그의 계명들은 무거운 것이 아니로다"(요한일서 5:3).

항해사는 바다에서 별의 위치를 지켜보고 진로를 정한다. 예수님께서 제자들에게 계명을 '지키라'고 하셨을 때 쓰신 단어가 바로 '지켜보다, 살피다'는 뜻이다.

예수님께서는 당신의 계명을 눈앞에 두고 지키는 사람에게 큰 보상을 약속하셨다. "나의 계명을 지키는 자라야 나를 사랑하는 자니 나를 사랑하는 자는 내 아버지께 사랑을 받을 것이요 나도 그를 사랑하여 그에게 나를 나타내리라"(요한복음 14:21).

제자양육의 도구

그리스도께서 내리신 모든 명령을 가르치려면 먼저 복음서를 살펴보고 그 명령들을 목록으로 작성할 필요가 있다.

예수님께서 내린 명령 중에는 베드로에게 "물 위로 걸어라", 젊은 부자 관원에게 "소유를 다 팔아 가난한 자들에게 줘라", 심지어 사탄에게 "물러가라" 하셨듯이 개인적인 명령이 많다. (마태복음 4:10을 보라.) 이런 특별 명령을 제외하면 모든 신자가 따라야 할 일반 명령은 대략 49개가 남는다.

제자의 보상

- **하나님께서 자신을 우리에게 나타내신다.**
  "나의 계명을 지키는 자라야 나를 사랑하는 자니…나도…그에게 나를 나타내리라"(요한복음 14:21).
- **우리가 하나님의 사랑 안에 거하게 된다.**
  "너희도 내 계명을 지키면 내 사랑 안에 거하리라"(요한복음 15:10). (요한복음 14:23을 보라.)
- **우리의 기도가 응답된다.**
  "무엇이든지 구하는 바를 그에게서 받나니 이는 우리가 그의 계명을 지키고 그 앞에서 기뻐하시는 것을 행함이라"(요한일서 3:22).
- **하나님에 대한 우리의 사랑이 확인된다.**
  "너희가 나를 사랑하면 나의 계명을 지키리라"(요한복음 14:15)
- **그리스도의 몸에 대한 우리의 사랑이 드러난다.**
  "우리가 하나님을 사랑하고 그의 계명들을 지킬 때에 이로써 우리가 하나님의 자녀를 사랑하는 줄을 아느니라"(요한일서 5:2).

명령 중에는 긍정적 명령과 부정적 명령이 함께 이어지는 명령이 있다. 예를 들어"……보물을 땅에 쌓아 두지 말라……보물을 하늘에 쌓아 두라"(마태복음 6:19-20)인데 이런 명령은 하나로 친다.

아마 이 목록을 조정하고 싶은 사람도 있겠지만 이 그리스도의 명령 성경공부 시리즈는 주 예수 그리스도의 참된 제자가 되고 또 동일한 방법으로 다른 사람을 제자로 만들라는 성경의 명령을 따르려는 모든 사람들을 위한 초급과정이다.

성공의 기준

맥도날드 식당은 전 세계에서 성공을 거두었다. 그러나 맥도날드의 성공은 '우연히 일어난 일'이 아니다. 그 핵심 요소는 품질 관리이기도 하다. 어느 맥도날드 매장에서든 우리는 똑같은 품질의 음식과 서비스를 기대할 수 있다. 맥도날드 매장 지배인에게 품질관리는 규정과 정책으로 가득한 두꺼운 책 한 권을 뜻한다. 지배인은 모든 규율을 숙지하고 준수해야 한다. 그렇지 않으면 체인점은 다른 사람에게 넘어간다. 맥도날드 본사는 각 매장을 정기적으로 검사하여 상당히 긴 보고서를 작성한다.

신자들에게도 비슷한 '품질 관리' 프로그램이 있다면 얼마나 좋을까? 그것은 세계 어디서나 신자를 만나면 그들이 따른다고 고백하는 주님에게 있는 똑같은 사랑, 긍휼, 친절, 기타 모든 품성을 기대할 수 있다는 뜻이다. 하나님께서는 우리에게 그런 '품질 관리' 프로그램을 주셨다. 그것은 예수님께서 땅에 계시는 동안 제자들에게 주셨던 모든 명령을 가리킨다.

'삶을 배우는 모임'의 잠재력

예수님의 49가지 명령과 관련 품성을 체계적으로 탐구하고 적용하는 '삶을 배우는 모임'을 조직하면 좋다. 이 모임 참가자들은 여러 보충 자료를 통해 그리스도의 명령과 품성을 함께 배우며 일상 생활에 적용할 수 있다.

누가 이 모임에 참여하고 언제 어디서 몇 시간 동안 어떤 내용을 다룰지는 인도자와 회원들이 협의한다. 여기서 인도자는 가르침을 주도할 것이 아니라 참가자들의 나눔을 촉진하는 조력자를 말한다. 목표는 예수님께서 이미 규정하신 방법대로 제자를 양육하면서 그 지혜와 능력과 결과를 경험하는 것이다.

이 모임은 집이나 교회, 회사나 학교, 지역사회센터나 교도소 등 전 세계 어디서나 가능하다. 예수를 따른다고 주장하는 모든 사람이 주 예수 그리스도의 성품대로 산다면 얼마나 멋지겠는가! 예수님께서 "새 계명을 너희에게 주노니 서로 사랑하라 내가 너희를 사랑한 것 같이 너희도 서로 사랑하라 너희가 서로 사랑하면 이로써 모든 사람이 너희가 내 제자인 줄 알리라"(요한복음 13:34-35) 라고 말씀하셨기 때문에 결국 이것이 제자의 진짜 시험이다.

삶에 적용하는 그리스도의 명령 시리즈

이 책에는 각 명령의 해설이 담겼다. 이 해설을 통해 히브리어와 헬라어 단어를 공부하고, 구약과 신약의 유사한 상황을 비교하고, 역사적 문화적 배경을 통찰하고, 무엇보다도 각 명령이 실제로 무엇을 말하고자 하며 오늘 우리의 삶에서 그것을 어떻게 적용해야 하는지에 대한 물음을 묵상할 수 있다.

이 해설은 완전하지 않으므로 각 명령에 대해서는 더 많은 해설을 덧붙일 수 있고 또 덧붙여져야 한다. 따라서 참석자마다 성경에서 더 깊은 진리를 찾고 이 명령을 밤낮으로 묵상하기를 당부한다.

1. 더 깊은 이해의 열쇠가 되는 질문

모든 해설은 '탐구 질문'으로 시작한다. 이 질문은 해당 명령을 자세히 살펴보고 그 명령을 주 예수 그리스도의 삶과 사역에 연결시키는 새로운 생각을 열어 준다. 예수님께서 엠마오로 가던 제자들에게 당신을 드러내실 때 쓰신 방법이 '탐구 질문'의 모태이다. "이에 모세와 모든 선지자의 글로 시작하여 모든 성경에 쓴 바 자기에 관한 것을 자세히 설명하시니라"(누가복음 24:27).

나중에 이 제자들은 그때 상황을 이렇게 묘사했다. "길에서 우리에게 말씀하시고 우리에게 성경을 풀어 주실 때에 우리 속에서 마음이 뜨겁지 아니하더냐 하고"(누가복음 24:32).

2. 하나님의 이름을 통해 하나님을 알기

하나님께서는 당신의 명령뿐 아니라 당신의 이름을 통해서도 당신을 드러내시겠다고 약속하신다. 각 명령에는 하나님과 그리스도의 이름이 관련되어 있다. 하나님의 이름을 많이 알면 알수록 하나님께서 어떤 분이시고 어떻게 우리의 삶에서 일하실지를 알게 된다.

3. 영과 진리로 하나님을 예배하기

"하나님은 영이시니 예배하는 자가 영과 진리로 예배할지니라"(요한복음 4:24). 우리가 그리스도의 명령을 지키게 되어 하나님께서 우리에게 당신을 드러내실 때 우리는 하나님을 참으로 하나님답게 예배하는 역량도 커진다. 우리가 하나님의 성품을 많이 알면 알수록 그 이름에 알맞은 찬양과 영광을 드릴 수 있다. 각 명령에는 개인이나 모임의 말씀묵상, 기도, 예배 시간에 부를 수 있는 찬송가가 제시된다.

4. 간증으로 확증하기

각 참석자가 자기 삶의 경험과 깨달음을 함께 나누면 각 명령의 진리가 강화되고 각 명령에 대한 통찰과 이해가 깊어진다.

제5 명령

너희 빛을 비추라

그리하여 사람들이 하늘에 계신 너희 아버지께 영광을 돌리게 하라

"너희는 세상의 빛이라 산 위에 있는 동네가 숨겨지지 못할 것이요 사람이 등불을 켜서 말 아래에 두지 아니하고 등경 위에 두나니 이러므로 집 안 모든 사람에게 비치느니라 이같이 너희 빛이 사람 앞에 비치게 하여 그들로 너희 착한 행실을 보고 하늘에 계신 너희 아버지께 영광을 돌리게 하라" 마태복음 5:14-16

우리의 빛을 비추라는 말은 무슨 뜻인가?

탐구 질문:

"하나님은 빛이시라 그에게는 어둠이 조금도 없으시므로"(요한일서 1:5) 하나님께서는 당신의 목적을 이루시기 위해 어떻게 어둠을 사용하시는가?

탐구 질문:

"하나님은 빛이시라 그에게는 어둠이 조금도 없으시므로"(요한일서 1:5)
하나님께서는 당신의 목적을 이루시기 위해 어떻게 어둠을 사용하시는가?

질문은 이해를 높여준다.

하나님을 나타내는 이름

주님께서는 우리의 빛이며 영광이시다.
"여호와께서 그들 앞에서 가시며 낮에는 구름 기둥으로 그들의 길을 인도하시고 밤에는 불 기둥을 그들에게 비추사 낮이나 밤이나 진행하게 하시니" _출애굽기 13:21

예수 그리스도는 세상의 빛이시다.
"예수께서 또 말씀하여 이르시되 나는 세상의 빛이니 나를 따르는 자는 어둠에 다니지 아니하고 생명의 빛을 얻으리라" _요한복음 8:12
"참 빛 곧 세상에 와서 각 사람에게 비추는 빛이 있었나니" _요한복음 1:9

하나님의 이름은 하나님의 성품을 나타낸다.

빛의 사자들
(찬송가 502장)
빛의 사자들이여 어서 가서
어둠을 물리치고
주의 진리 모르는 백성에게
복음의 빛 비춰라
선한 사역 위하여 힘을 내라
주함께 하시겠네 주의 크신

찬송가는 참된 예배의 영감을 준다.

5. 그리스도의 명령에 품성을 연결하기

그리스도의 명령의 목록이 놀라운 것은 각 명령에 알맞은 품성이 연결되어 있다는 점이다. 관련 품성을 공부할 때 그 명령을 이해할 뿐 아니라 성품의 완전한 인격체이신 그리스도를 더 깊이 이해하게 된다. 성경은 예수님을 하나님 "본체의 형상"이라고 말한다. (히브리서 1:3을 보라.) 여기서 '본체의 형상'은 헬라어로 '카락테르'이고 '정확한 재현'을 말한다.

그리스도의 명령과 직결되는 품성의 예는 다음과 같다. 회개에는 겸손이 필요하고, 그리스도를 따르는 데는 온유가 필요하고, 박해를 기뻐하는 데는 기쁨이 필요하고, 선행으로 빛을 비추는 데는 후함이 필요하다.

각 명령의 해설에는 관련된 품성을 간략히 요약해 놓았다. 자세한 내용은 49가지 품성의 성경적 해설서인 「진정한 성공을 위한 능력」에서 확인할 수 있다. 이 책은 품성을 더 깊이 공부하는 데 꼭 필요한 보충 자료이고, 성경적 근거와 성경 인물들의 이야기를 통해 각 품성을 자세히 설명한다. 우리의 삶에 품성의 기초를 다질 수 있도록 실제 적용 사례와 평가 도구가 실려 있다.

후함 vs. 인색함

후함은 하나님께서 우리에게 맡기신 자원을 지혜롭게 재투자하여 하나님의 본성을 나타내는 것이다.

후함은 수확법칙을 따른다. 많이 뿌릴수록 많이 거둔다.
"이것이 곧 적게 심는 자는 적게 거두고 많이 심는 자는 많이 거둔다 하는 말이로다"_고린도후서 9:6

후함의 정도는 남에게 얼마나 많이 주느냐가 아니라 나를 위해 얼마나 많이 남겨 놓았느냐에 달렸다.

후함은 우리의 자원이 아니라 하나님의 부유하심에 시선을 집중한 결과이다.
"이는 삼림의 짐승들과 뭇 산의 가축이 다 내 것이며"_시편 50:10

자기 점검

나는 얼마나 후한가?

- 하나님을 모든 재물의 공급자로 보는가?
- 자신을 하나님의 자원을 관리하는 청지기로 여기는가?
- 자신의 모든 자원을 하나님께 드렸는가?

참된 사랑을 생활화하기

6. 적용을 확인하기

그리스도의 명령을 공부하는 시간에 참석자는 명령과 품성을 삶에서 어떻게 실천할지 자기생각을 기록하게 된다. '삶을 배우는 모임'에서는 각 회원에게 그 주에 배운 명령을 어떤 단계적 행동으로 삶에 적용할지 계획을 발표할 시간을 주어야 한다. 이 발표는 야고보서 5장 13-16절 말씀을 지키고 서로 보고하는 책임감을 높이는 놀라운 방법이다. 그러면 간절히 기도하고 다음 모임에서 결과를 보고하는 발판이 된다. 그리스도의 명령은 우리의 인간적 노력이 아니라 오직 하나님의 능력으로만 삶에서 지켜지기 때문에 반드시 서로를 위해 기도해야 한다.

49가지 그리스도의 명령과 이에 상응하는 품성

❑	1.	회개하라	겸손	마 4:17
❑	2.	다시 태어나라	안정	요 3:7
❑	3.	나를 따라오라	온유	마 4:19
❑	4.	기뻐하라	기쁨	마 5:11-12
❑	5.	너희 빛을 비추라	후함	마 5:14-16
❑	6.	하나님의 율법을 존중하라	사랑	마 5:17
❑	7.	화해하라	책임감	마 5:23-25
❑	8.	음욕을 품지 말라	절제	마 5:28-30
❑	9.	너희 말을 지키라	진실성	마 5:37
❑	10.	오 리를 더 가라	존중	마 5:38-42
❑	11.	원수를 사랑하라	창의성	마 5:44-46
❑	12.	완전하라	신실	마 5:46-48
❑	13.	은밀하게 의를 행하라	믿음	마 6:1-18
❑	14.	보물을 쌓아두라	검약	마 6:19-21
❑	15.	하나님의 나라를 구하라	솔선	마 6:33
❑	16.	판단하지 말라	분별	마 7:1-3
❑	17.	진주를 돼지 앞에 던지지 말라	신중	마 7:6
❑	18.	구하라 찾으라 두드리라	자원선용	마 7:7-8
❑	19.	남을 대접하라	민감성	마 7:12
❑	20.	좁은 길을 선택하라	과단성	마 7:13-14
❑	21.	거짓 예언자를 조심하라	경각심	마 7:15-16
❑	22.	일꾼을 보내 달라고 청하라	긍휼	마 9:37-38
❑	23.	뱀같이 지혜로우라	지혜	마 10:16
❑	24.	두려워하지 말라	담대함	마 10:28
❑	25.	하나님의 음성을 들으라	경청	마 11:15
❑	26.	내 멍에를 메라	순종	마 11:28-30
❑	27.	네 부모를 공경하라	공경	마 15:4
❑	28.	누룩을 조심하라	덕	마 16:6
❑	29.	자기를 부인하라	의지력	눅 9:23-25
❑	30.	작은 자를 업신여기지 말라	포용	마 18:10
❑	31.	잘못을 범한 형제에게 가라	정의	마 18:15
❑	32.	탐욕을 조심하라	만족	눅 12:15
❑	33.	잘못을 범한 형제를 용서하라	용서	마 18:21-22
❑	34.	결혼을 존중하라	충성	마 19:4-6
❑	35.	섬기는 자가 되라	유용성	마 20:26-27
❑	36.	기도하는 집이 되라	설득	마 21:13
❑	37.	믿고 구하라	인내	마 21:21-22
❑	38.	가난한 자들을 초대하라	환대	눅 14:12-14
❑	39.	가이사에게 바치라	감사	마 22:19-21
❑	40.	주 하나님을 사랑하라	열성	마 22:37-38
❑	41.	네 이웃을 사랑하라	온화함	마 22:39-40
❑	42.	인자의 재림을 기다리라	시간엄수	마 24:42-44
❑	43.	받아 먹고 마시라	철저함	마 26:26-27
❑	44.	내 명령을 지키라	근면	요 14:15
❑	45.	깨어 기도하라	끈기	마 26:41
❑	46.	내 양들을 먹이라	신뢰성	요 21:15-16
❑	47.	내 제자들에게 세례를 주라	조심성	마 28:19
❑	48.	하나님의 능력을 받으라	정돈	눅 24:49
❑	49.	제자를 삼으라	유연성	마 28:20

관련 자료

삶에 적용하는 그리스도의 명령 시리즈 (출간 예정)

총 일곱 권의 시리즈를 통해 예수님의 마흔 아홉 가지 명령을 집중적으로 배우고 적용할 수 있다.

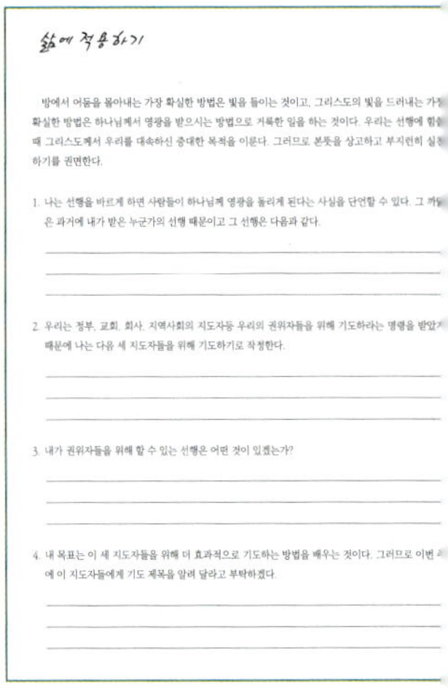
삶에 적용하기

방에서 어둠을 몰아내는 가장 확실한 방법은 빛을 들이는 것이고, 그리스도의 빛을 드러내는 가장 확실한 방법은 하나님께서 영광을 받으시는 방법으로 거룩한 일을 하는 것이다. 우리는 선행에 힘쓸 때 그리스도께서 우리를 대속하신 중대한 목적을 이룬다. 그러므로 본뜻을 상고하고 부지런히 실천하기를 권면한다.

1. 나는 선행을 바르게 하면 사람들이 하나님께 영광을 돌리게 된다는 사실을 단언할 수 있다. 그 까닭은 과거에 내가 받은 누군가의 선행 때문이고 그 선행은 다음과 같다.
2. 우리는 정부, 교회, 회사, 지역사회의 지도자등 우리의 권위자들을 위해 기도하라는 명령을 받았기 때문에 나는 다음 세 지도자들을 위해 기도하기로 작정한다.
3. 내가 권위자들을 위해 할 수 있는 선행은 어떤 것이 있겠는가?
4. 내 목표는 이 세 지도자들을 위해 더 효과적으로 기도하는 방법을 배우는 것이다. 그러므로 이번 주에 이 지도자들에게 기도 제목을 알려 달라고 부탁하겠다.

이 자료들은 참석자들에게 각 명령을 적용하고 싶은 동기를 불어넣는다.

그리스도의 명령 포켓가이드

가장 중요한 것, 바로 그리스도의 명령들을 어디서나 암송하고 묵상하기에 유용한 소책자다. 그리스도의 명령 암송 구절과 관련 구절, 하나님의 이름으로 기도하기, 마음을 점검하는 질문, 관련 품성의 정의가 실려 있다.

베이직 세미나

청소년기의 불필요한 갈등은 그리스도의 명령을 어기고 내 마음대로 사는 데서 비롯된다. 이런 갈등은 어른이 된다고 해서 사라지지 않는다.

분노는 그리스도의 명령을 하나 이상 어기고 있다는 신호다.

베이직 세미나는 우리와 하나님과의 관계, 그리고 우리와 다른 사람과의 관계를 좌우하는 하나님의 원리를 설명한다. 이 세미나에서 여러분은 어떻게 문제의 근본 원인을 찾아내는지, 어떻게 자기비관을 이해하는지, 어떻게 권위자들에게 응답하는지, 어떻게 깨끗한 양심을 얻는지, 어떻게 원망을 극복하는지, 어떻게 짜증을 감사로 바꾸는지, 어떻게 도덕적 자유를 이루는지, 어떻게 진정한 성공을 누리는지, 어떻게 삶의 목적을 찾는지에 대한 통찰을 얻을 것이다. www.kr.iblp.org에서 세미나 일정을 확인할 수 있다.

1964년부터 전 세계 2백 5십만 명이 넘는 청소년과 어른들이 베이직 세미나에 참석하여 갈등 해결의 도움을 얻었다.

그리스도의 명령 포켓가이드 활용법

『그리스도의 명령 포켓가이드』는 휴대용으로 어디서든 그리스도의 명령을 복습하고 성경구절을 암송하기에 알맞은 도구다. 『그리스도의 명령 해설 시리즈』와 함께 다음과 같이 활용하면 좋다.

각 명령에 대한 핵심 성경구절이다. 암송하고 묵상할 때 참고하면 유익하고 깨달은 내용을 기록하면 좋다.

오직 하나님만이 우리가 그리스도의 명령을 신실하게 지킬 수 있게 하실 수 있다. 각 명령에 실린 하나님의 이름은 그 명령에 관련된 하나님의 성품에 대한 이해를 돕고 우리가 하나님의 능력으로 그 명령을 어떻게 지킬지를 깨닫게 해준다. 각 명령을 묵상하면서 하나님의 이름을 어떻게 기도하는지를 배워 보라.

27

네 부모를 공경하라

"하나님이 이르셨으되 네 부모를 공경하라 하시고 또 아버지나 어머니를 비방하는 자는 반드시 죽임을 당하리라 하셨거늘"(마태복음 15:4)

- ☐ "자녀들아 모든 일에 부모에게 순종하라 이는 주 안에서 기쁘게 하는 것이니라"(골로새서 3:20)
- ☐ "자녀들아 주 안에서 너희 부모에게 순종하라 이것이 옳으니라 네 아버지와 어머니를 공경하라 이것은 약속이 있는 첫 계명이니 이로써 네가 잘되고 땅에서 장수하리라"(에베소서 6:1-3)
- ☐ "내 아들아 네 아비의 명령을 지키며 네 어미의 법을 떠나지 말고 그것을 항상 네 마음에 새기며 네 목에 매라 그것이 네가 다닐 때에 너를 인도하며 네가 잘 때에 너를 보호하며 네가 깰 때에 너와 더불어 말하리니"(잠언 6:20-22)
- ☐ "젊은 자들아 이와 같이 장로들에게 순종하고 다 서로 겸손으로 허리를 동이라 하나님은 교만한 자를 대적하시되 겸손한 자들에게는 은혜를 주시느니라"(베드로전서 5:5)
- ☐ "솔로몬의 잠언이라 지혜로운 아들은 아비를 기쁘게 하거니와 미련한 아들은 어미의 근심이니라"(잠언 10:1)
- ☐ "자기 아버지나 어머니를 치는 자는 반드시 죽일지니라 ……자기의 아버지나 어머니를 저주하는 자는 반드시 죽일지니라"(출애굽기 21:15, 17)

제 27 명령을 삶에 적용하기

하나님의 이름을 기도하기

거룩하신 아버지—요한복음 17:11
사랑하는 아들—베드로후서 1:17
창조자—골로새서 1:16

내 마음을 점검하기

- 내 삶에서 부모님의 역할 중에 제일 귀중한 것은 무엇인가?
- 내가 부모님 공경하는 것을 친구들에게 어떻게 보여줬는가?
- 어느 영역에서 부모님의 조언을 구할 수 있는가?
- 부모님께 어떤 감사의 선물을 드렸는가?
- 어느 부분에서 부모님께 더 잘 순종했어야 하는가?
- 부모님을 공경하는 마음으로 삶의 결정을 내리는가?
- 부모님의 권고를 존중했을 때 어떤 보상을 받았는가?
- 부모님과의 관계에서 하나님의 주권(主權)을 인정하는가?

성품 계발

공경 (對 경시)

공경은 하나님께서 주신 권위자 앞에 나 자신을 겸손히 낮추고 적절한 선물로 나의 헌신을 표현하는 것이다.

각 명령을 확증하는 추가 암송구절이다.

각 명령은 상응하는 품성이 있다. 그리스도의 명령을 배우는 동안 관련된 품성과 정의를 기억하라. 삶에 이 품성을 쌓을 방법을 생각하라. 영감이 떠오르면 기록해 둔다.

'내 마음을 점검하기'의 질문은 그리스도의 명령을 묵상하고 삶에 적용하는 데 유용하도록 고안되었다. 이 질문을 묵상하고 기도하다가 필요한 대로 질문에 답을 기록하면 좋다.

'삶을 배우는 모임'의 목표

1. 시간을 엄수한다.

정각에 시작하라. 하나님께서 시간을 만드셨고 그 시간 속에서 당신의 일을 성취하신다는 사실을 명심한다. 사람들은 자기를 기다리게 하는 사람의 잘못을 계산하는 경향이 있다는 점을 잊지 말라.

2. 하나님께서 함께 하심을 인식한다.

예수님께서 이렇게 약속하셨다. "두세 사람이 내 이름으로 모인 곳에는 나도 그들 중에 있느니라"(마태복음 18:20). 하나님께서 여러분의 모임에 함께 계시면 당신의 말씀대로 큰 일을 하실 것이다.

3. 영적인 지혜를 간구한다.

하나님의 약속에 따라 하나님께 지혜를 간구하라. "너희 중에 누구든지 지혜가 부족하거든 모든 사람에게 후히 주시고 꾸짖지 아니하시는 하나님께 구하라 그리하면 주시리라"(야고보서 1:5). 다윗은 이렇게 기도했다. "내 눈을 열어서 주의 율법에서 놀라운 것을 보게 하소서"(시편 119:18).

4. 그리스도의 명령을 배운다.

각 명령의 해설은 그 명령을 더 깊이 이해하도록 돕는다. 이 해설을 낭독하거나 한 사람을 지정해서 그 사람이 핵심 개념을 골라내어 모임에서 나누게 한다.

5. 그리스도의 명령을 '확립한다'.

성경은 이렇게 단언한다. "두세 증인의 입으로 말마다 확정하리라"(고린도후서 13:1). 오늘부터 당장 그리스도의 명령에 관한 메시지를 들으면서 자기 삶에 어떻게 이 명령을 적용할 수 있을지를 적으라.

6. 관련된 품성을 배운다.

한 사람을 지정해서 품성의 성경적 해설서인 「진정한 성공을 위한 능력」에서 해당 명령에 관련된 품성을 찾아 책의 설명을 낭독하게 한다. 특히 끝부분의 자기 점검을 강조하라.

7. 적용 목표를 함께 나눈다.

'삶을 배우는 모임'의 큰 가능성은 그리스도의 명령을 적용하겠다는 목표와 다짐을 서로 나누는 데 있다. 참석자마다 이 명령을 따르기 위해 하나 이상의 단계별 행동을 계획하여 그것을 모임에서 나누고 다음 모임 시간에 경과를 보고하는 것이 좋다.

8. 부르짖는 기도의 능력을 경험한다.

위대한 일은 간절한 기도를 통해 하나님을 위해 이루어진다. (야고보서 5:16을 보라.) 그러므로 기도 시간은 아주 중요하다. 이전의 모든 배움은 부르짖는 기도를 위한 준비 작업이다.

- 모임의 인원이 열 두명이 넘으면 두세 명씩 나누어서 그 주에 원하는 목표를 잘 수행할 수 있도록 서로를 위해 함께 기도하는 것이 좋다.
- 긴급한 필요가 있으면 시편 50편 15절의 초대에 응하라. "환난 날에 나를 부르라 내가 너를 건지리니 네가 나를 영화롭게 하리로다." 부르짖는 기도의 능력에 대해 자세히 알기 원하면 「부르짖는 기도」를 함께 읽어도 좋다.

여럿이 함께 부르짖으려면 한 사람이 한 문구씩 외치고 나머지 사람들이 큰 소리로 따라 외치게 하라.

예를 들면,

"오, 하나님." (나머지 사람들이 따라 외친다.) "아바, 아버지. ________를 ___________에서 구해 주옵소서. 하나님의 영광을 위해 그렇게 해 주옵소서. 예수님의 이름으로 기도합니다."

9. 결과를 보고한다.

여러분의 부르짖는 기도에 하나님께서 능력을 나타내시면 교회에서 교인들에게 그것을 나눌 수 있다.

10. 찬송으로 마친다.

예수님과 제자들이 다락방에서 모임을 마친 후 함께 찬송을 불렀다. 모임에서 배운 내용 때문에 여러분이 부르는 찬송의 메시지는 그 의미가 더욱 풍성해질 것이다.

회개하라

천국이 가까이 왔기 때문이다

"이 때부터 예수께서 비로소 전파하여 이르시되 회개하라 천국이 가까이 왔느니라 하시더라" -마태복음 4:17

개관

탐구 질문:

에서는 단지 장자권을 팔았다는 이유로 회개할 기회를 얻지 못했는데 어째서 다윗은 간음과 살인을 저지르고도 용서를 받았는가?

회개는 일회성으로 끝나는 행동이 아니다. 회개는 하나님과 타인에게 겸손하게 통회하는 마음가짐을 유지하는 것이다. 회개는 우리의 삶이 하나님의 지배를 받도록 옳고 그름에 대한 우리의 생각을 바꿔 하나님과 뜻을 같이하는 데서 출발한다. 회개는 "음행과 더러운 것과 호색과 우상 숭배와 주술과 원수 맺는 것과 분쟁과 시기와 분냄과 당 짓는 것과 분열함과 이단과 투기와 술 취함과 방탕함"과 같은 죄에서 돌이키는 것을 말하기도 한다(갈라디아서 5:19-21).

대다수 사람들은 자기 죄 때문에 당할 고통을 깨달을 때 슬픔을 보인다. 이것은 참된 회개가 아니다. 에서가 보여준 슬픔이 그랬다. 참된 회개는 마음을 온전히 바꾸고 삶을 바꾸는 것이다. 그리스도께서 세상에 오셨을 때 그분의 목표는 잃어버린 에덴동산의 혜택들을 되찾는 것이 아니라 아담과 하와의 죄 때문에 깨진 하나님과 사람의 관계를 회복하는 것이었다.

"사람은 하나님께 등을 돌린 채 태어나고 진정으로 회개할 때 바르게 돌이켜 하나님을 바라보게 된다. 회개는 생각을 바꾸는 것이다."

—D. L. 무디

회개란 무엇인가?

성경에서 회개는 다음 세 가지 개념을 반영한다. (1) 우리의 죄에 대한 생각을 바꿈. (2) 우리의 죄에 대한 느낌을 바꿈. (3) 우리의 죄를 멀리하려고 방향을 바꿈.

다윗은 시편 51편에서 회개의 이 세가지 면을 다 보여주었다. "하나님이여 주의 인자를 따라 내게 은혜를 베푸시며 주의 많은 긍휼을 따라 내 죄악을 지워 주소서 나의 죄악을 말갛게 씻으시며 나의 죄를 깨끗이 제하소서……하나님께서 구하시는 제사는 상한 심령이라 하나님이여 상하고 통회하는 마음을 주께서 멸시하지 아니하시리이다." 우리는 주님께 진심으로 회개의 이런 확실한 면을 계속 보여드려야 한다. 그러면 우리는 하나님과 가까워지고 세상과 멀어지게 된다.

에서와 다윗은 어떻게 하나님의 말씀을 업신여겼는가?

에서는 뛰어난 사냥꾼이었다. 그러나 에서는 사냥에 실패하여 허기진 채 돌아와

회개의 바탕은 우리의 모든 말과 생각과 행동이 백일하에 드러나고 심판됨을 의식하는 것이다.

"이는 우리가 다 반드시 그리스도의 심판대 앞에 나타나게 되어 각각 선악간에 그 몸으로 행한 것을 따라 받으려 함이라"
_고린도후서 5:10

동생의 팥죽 냄새를 맡고 조금만 달라고 청했다. 야곱은 형에게 장자권(長子權)을 팔면 팥죽을 주겠다고 제안했다. 에서는 생각했다. "내가 죽게 되었으니 이 장자의 명분이 내게 무엇이 유익하리요……에서가 장자의 명분을 가볍게 여김이었더라"(창세기 25:32-34).

"한 그릇 음식을 위하여 장자의 명분을 판 에서와 같이 망령된 자가 없도록 살피라 너희가 아는 바와 같이 그가 그 후에 축복을 이어받으려고 눈물을 흘리며 구하되 버린 바가 되어 회개할 기회를 얻지 못하였느니라"(히브리서 12:16-17).

다윗은 왕궁 옥상에서 밧세바를 보았을 때 지금껏 하나님의 율법에서 받은 모든 훈련이 무색해지도록 정욕을 허용했다. 이처럼 하나님의 계명을 업신여기고 밧세바와 간음했을 뿐 아니라 자기 죄를 은폐하려고 그녀의 남편 우리아를 살해하도록 교사했다.

"그러한데 어찌하여 네가 여호와의 말씀을 업신여기고……네가 칼로 헷 사람 우리아를 치되 암몬 자손의 칼로 죽이고 그의 아내를 빼앗아 네 아내로 삼았도다……다윗이 나단에게 이르되 내가 여호와께 죄를 범하였노라 하매 나단이 다윗에게 말하되 여호와께서도 당신의 죄를 사하셨나니 당신이 죽지 아니하려니와"(사무엘하 12:9, 13)

겸손 vs. 교만

겸손은 본질상 나는 아무것도 아니고 내 것은 없으며 그러므로 내 삶의 모든 것은 하나님께서 주신 선물임을 인식하는 것이다.

겸손은 하나님의 존전에 있을 때 나타나는 자연스런 반응이다.

하나님을 경외한다는 것은 우리가 언제나 하나님 앞에 있음을 의식하는 것이다. 따라서 하나님을 경외하는 것과 겸손은 상호의존적이다.

"겸손과 여호와를 경외함의 보상은 재물과 영광과 생명이니라"
_잠언 22:4

에서와 다윗의 유사점

에서와 다윗의 삶은 서로 비슷한 점이 많다. 따라서 에서는 사소하게 보이는 죄를 짓고도 회개할 기회를 얻지 못했는데 다윗은 십계명의 여러 계명을 어기고도 용서를 받았다는 사실이 쉽게 이해되지 않는다.

- 에서와 다윗은 둘 다 '믿음의 조상', 아브라함의 자손이었다.
- 에서와 다윗은 둘 다 '들사람'이었다.
- 에서와 다윗은 둘 다 잘못된 방법으로 육체의 욕망을 채웠다.
- 에서와 다윗은 둘 다 하나님의 계명을 업신여겼다.
- 에서와 다윗은 둘 다 영적 보물을 일시적 쾌락과 맞바꿨다.
- 에서와 다윗은 둘 다 자기 죄에 대해 눈물을 흘렸다.
- 에서와 다윗은 둘 다 후세에 악영향을 미칠 보응을 당했다.

에서가 장자권을 판 행위가 왜 죄인가?

장자권은 전통적으로 첫아들에게 주어졌다. 장자권은 가족과 하나님께 대해 막중한 권리와 책임이 따랐다. 하나님께서는 모든 첫아들을 당신의 것으로 선언하셨다. "이스라엘 자손 중에서 사람이나 짐승을 막론하고 태에서 처음 난 모든 것은 다 거룩히 구별하여 내게 돌리라 이는 내 것이니라 하시니라"(출애굽기 13:2).

첫아들은 아버지의 힘과 능력의 출발점으로 여겨졌다. 이런 까닭에 장자권에는 큰 영적 책임이 따른다.

에서는 하나님의 복을 원했지만 정작 그 복의 원천이신 하나님과의 관계에는 관심이 없었다. 오히려 그는 히브리서 12장 15-17절에 기록된 대로 스스로 불의하고 부도덕한 삶에 빠졌다.

"너희는 하나님의 은혜에 이르지 못하는 자가 없도록 하고……음행하는 자와 혹 한 그릇 음식을 위하여 장자의 명분을 판 에서와 같이 망령된 자가 없도록 살피라 너희가 아는 바와 같이 그가 그 후에 축복을 이어받으려고 눈물을 흘리며 구하되 버린 바가 되어 회개할 기회를 얻지 못하였느니라"

에서가 선택한 삶은 하나님께서 몹시 싫어하시는 것이었고 그의 회개는 정작 하나님께 정말 중요한 점들을 빠뜨렸다. 그 중 하나는 그가 동생을 섬겨야 한다는 점이었다. (로마서 9:11-12을 보라.)

회개는 우리의 옛사람을 죽이고 그리스도께서 우리 안에서 새사람으로 사시도록 나를 내드리는 것이다.

"내가 그리스도와 함께 십자가에 못 박혔나니 그런즉 이제는 내가 사는 것이 아니요 오직 내 안에 그리스도께서 사시는 것이라 이제 내가 육체 가운데 사는 것은 나를 사랑하사 나를 위하여 자기 자신을 버리신 하나님의 아들을 믿는 믿음 안에서 사는 것이라"
_갈라디아서 2:20

참된 회개는 깨진 관계를 온전히 회복하는 길을 예비한다

"만일 우리가 우리 죄를 자백하면 그는 미쁘시고 의로우사 우리 죄를 사하시며 우리를 모든 불의에서 깨끗하게 하실 것이요" _요한일서 1:9

에서의 유형을 따르는 사람은 누구든지 회개를 해도 그처럼 외면당할 것이다.

다윗의 회개는 에서의 회개와 어떻게 달랐는가?

에서는 복을 놓친 것에 후회의 눈물을 흘렸지만 다윗은 하나님과의 관계가 깨진 것에 회개의 눈물을 흘렸다. 이것이 참된 회개의 본질이다.

다윗은 수많은 시련과 어려움을 당하면서도 하나님과 친밀한 교제를 놓치지 않았다. 그는 성경에서 하나님의 마음에 맞는 사람으로 묘사되었다. 그가 간음과 살인을 범했을 때 이런 친밀한 관계를 깨고 하나님을 슬프게 해 드렸다.

"너희는 스스로 씻으며 스스로 깨끗하게 하여 내 목전에서 너희 악한 행실을 버리며 행악을 그치고 선행을 배우며 정의를 구하며 학대 받는 자를 도와 주며 고아를 위하여 신원하며 과부를 위하여 변호하라 하셨느니라 여호와께서 말씀하시되 오라 우리가 서로 변론하자 너희의 죄가 주홍 같을지라도 눈과 같이 희어질 것이요 진홍 같이 붉을지라도 양털 같이 희게 되리라"_이사야 1:16-18

다윗의 회개는 노아시대에 하나님께서 한탄하신 것을 비롯해 성경 곳곳에 나타나는 회개의 원리들을 잘 보여준다.

노아 시대에 하나님께서 한탄하신 것에 비추어 볼 때 오늘날 우리는 어떻게 회개해야 하는가?

성경에서 주로 '회개'로 번역되는 히브리어 '나함'이 처음 언급된 곳은 하나님께서 땅 위에 사람 지으셨음을 한탄하신[나함] 부분이다. 여기서 우리는 진정한 회개의 다섯 가지 핵심 원리를 배운다.

1. **거룩하신 하나님께서 우리 앞에 계심을 인식한다.**
2. **우리가 한 행동들에 대한 생각을 바꾼다.**
3. **우리의 죄를 진심으로 슬퍼한다.**
4. **우리가 지금까지했던 행위를 버리고 멀리한다.**
5. **지금과는 다른 방식으로, 하나님의 뜻에 따라 행동하기로 결심한다.**

"여호와께서 사람의 죄악이 세상에 가득함과 그의 마음으로 생각하는 모든 계획이 항상 악할 뿐임을 보시고 땅 위에 사람 지으셨음을 한탄하사[나함] 마음에 근심하시고 이르시되 내가 창조한 사람을 내가 지면에서 쓸어버리되 사람으로부터 가축과 기는 것과 공중의 새까지 그리하리니 이는 내가 그것들을 지었음을 한탄함이니라 하시니라"(창세기 6:5-7).

이 말씀에서는 하나님의 거룩하심과 사람의 나약함이 서로 대조된다. 하나님께서 한탄하셨다는 말은 생각을 바꾸셨다는 뜻이고 본질적으로는 사람을 창조한 것이 좋지 않았음을 암시한다. 사람의 악한 생각은 하나님의 마음을 슬프시게 했다.

본래 하나님께서는 사람과 교제하시려고 사람을 당신의 형상대로 만드셨다. 그러나 사람이 자신의 길을 망쳐 놓았기 때문에 이제 하나님께서는 다른 길을 선택하셔야 했다. 하나님께서는 땅에 의인 하나를 준비하시어 새로 시작하셨다. "여호와께서 그 향기를 받으시고 그 중심에 이르시되 내가 다시는 사람으로 말미암아 땅을 저주하지 아니하리니…… 땅이 있을 동안에는 심음과 거둠과 추위와 더위와 여름과 겨울과 낮과 밤이 쉬지 아니하리라"(창세기 8:21-22).

회개의 다섯 단계는 성경 전반에 걸쳐 예시된다.

1. 하나님께서 우리의 앞에 계심을 인식한다.

우리는 하나님께서 우리의 모든 말과 생각과 행동을 지켜보시며 평가하신다는 사실을 깨달을 때만 회개하는 자세를 가다듬을 수 있다. 이사야가 하나님께서 드높은 보좌에 앉으신 것과 스랍들을 보고 외쳤다. "거룩하다 거룩하다 거룩하다 만군의 여호와여 그의 영광이 온 땅에 충만하도다……화로다 나여 망하게 되었도다 나는 입술이 부정한 사람이요 나는 입술이 부정한 백성 중에 거주하면서 만군의 여호와이신 왕을 뵈었음이로다"(이사야 6:3, 5).

하나님을 나타내는 이름

여호와는 거룩하신 하나님이시다.

"만일 너희가 여호와를 버리고 이방 신들을 섬기면 너희에게 복을 내리신 후에라도 돌이켜 너희에게 재앙을 내리시고 너희를 멸하시리라 하니 백성이 여호수아에게 말하되 아니니이다 우리가 여호와를 섬기겠나이다 하는지라"_여호수아 24:20-21

예수 그리스도는 우리의 변호사이시다.

"나의 자녀들아 내가 이것을 너희에게 씀은 너희로 죄를 범하지 않게 하려 함이라 만일 누가 죄를 범하여도 아버지 앞에서 우리에게 대언자가 있으니 곧 의로우신 예수 그리스도시라"_요한일서 2:1

이와 비슷하게 다소의 사울은 다메섹으로 가다가 앞에 계신 주님과 마주치고 나서 하나님을 대적한 자신의 행동이 얼마나 악한지를 깨닫고 회개하여 극적으로 변화되었다. (사도행전 9:1-8을 보라.)

2. 우리의 생각을 바꾼다.

회개는 헬라어로 '생각을 바꾸다'는 뜻이다. 이것이 문자 그대로 하나님께서 우리의 회개에 원하시는 바이다.

하나님께서 우리의 생각이 바뀌기를 바라시는 첫 부분은 누가 우리의 삶을 지배하느냐이다. 우리의 자연적인 성향은 우리 자신이 주인이 되려고 한다. 이것은 교만한 생각이며, 이것 때문에 아침의 아들, 루시퍼가 하늘에서 쫓겨났고 아담과 하와가 에덴동산에서 쫓겨났

"내가 그들에게 한 마음을 주고 그 속에 새 영을 주며 그 몸에서 돌 같은 마음을 제거하고 살처럼 부드러운 마음을 주어 내 율례를 따르며 내 규례를 지켜 행하게 하리니 그들은 내 백성이 되고 나는 그들의 하나님이 되리라"
_에스겔 11:19-20

큰 죄에 빠진 날 위해

(찬송가 282장)

큰 죄에 빠진 날 위해
주 보혈 흘려 주시고
또 나를 오라 하시니
주께로 거저 갑니다

죄 용서하여 주시고
내 마음 위로하심을
나 항상 믿고 고마워
주께로 거저 갑니다

_샬럿 엘리엇

내 손을 아버지께 내밉니다

(찬송가 280장)

전부터 계신 주께서
영 죽을 죄인을
보혈로 구해 주시니
그 사랑 한없네

후렴:

내 죄를 씻기 위하여
피 흘려 주시니
곧 회개하는 맘으로
주 앞에 옵니다

_찰스 웨슬리

다. 이들은 모두 하나님과 동등하게 되어 자기 삶의 우두머리가 되려고 했다.

지도자들의 이런 태도는 매우 파괴적이어서 시기, 분노, 두려움, 걱정, 원망, 정욕, 수많은 갈등을 일으키고 이 모두는 교만에서 비롯된다.

3. 진심으로 죄를 슬퍼한다.

우리는 자기 삶의 우두머리가 된 결과가 무엇인지를 깨닫고 슬퍼해야 한다. 바로 우리의 죄가 예수님을 십자가에 매달았기 때문이다. "그가 찔림은 우리의 허물 때문이요 그가 상함은 우리의 죄악 때문이라 그가 징계를 받으므로 우리는 평화를 누리고 그가 채찍에 맞으므로 우리는 나음을 받았도다"(이사야 53:5).

예수님께서는 대제사장과 장로들을 구원하시려고 오셨지만 정작 그들은 예수님을 왕으로 인정하기를 거부했다. 빌라도가 "보라 너희 왕이로다" 하니 "그들이 소리 지르되 없이 하소서 없이 하소서 그를 십자가에 못 박게 하소서……가이사 외에는 우리에게 왕이 없나이다" 하였다.

유추하면 우리의 상태는 둘 중 하나이다. 예수님께서 우리 마음의 보좌에 앉아 계시거나 그렇지 않다면 우리는 지금 예수님을 '십자가에 못박고 있는 중'이다

4. 죄를 버리고 멀리한다.

우리의 죄를 사과하는 것으로는 충분하지 않다. 우리는 악을 미워해야 한다. 이것이 가장 중요한 단계이다. 그 까닭은 죄를 멀리하고 싶을 만큼 악을 미워하지 않으면 다시 죄짓는 삶으로 되돌아가기 때문이다. 죄를 버리고 "오직 주 예수 그리스도로 옷 입고 정욕을 위하여 육신의 일을 도모하지 말라"(로마서 13:14).

5. 하나님께서 지시하시는 대로 행동한다.

이스라엘 사람들은 자기들이 예수님을 거부하여 십자가에 매단 사실을 깨달았을 때 베드로가 무엇을 지시하든지 그대로 행동할 자세가 되어 있었다. 베드로는 오순절에 모인 군중에게 이렇게 말했다. "너희가 법 없는 자들의 손을 빌려 못 박아 죽였으나……그들이 이 말을 듣고 마음에 찔려 베드로와 다른 사도들에게 물어 이르되 형제들아 우리가 어찌할꼬 하거늘"(사도행전 2:23, 37)

"베드로가 이르되 너희가 회개하여 각각 예수 그리스도의 이름으로 세례를 받고 죄 사함을 받으라 그리하면 성령의 선물을 받으리니 이 약속은 너희와 너희 자녀와 모든 먼 데 사람 곧 주 우리 하나님이 얼마든지 부르시는 자들에게 하신 것이라"(사도행전 2:38-39).

모든 사람에게 내려진 회개의 명령

"그런즉 너는 이스라엘 족속에게 이르기를 주 여호와의 말씀에 너희는 마음을 돌이켜 우상을 떠나고 얼굴을 돌려 모든 가증한 것을 떠나라"(에스겔 14:6).

"그러므로 너희가 회개하고 돌이켜 너희 죄 없이 함을 받으라 이같이 하면 새롭게 되는 날이 주 앞으로부터 이를 것이요"(사도행전 3:19).

"알지 못하던 시대에는 하나님이 간과하셨거니와 이제는 어디든지 사람에게 다 명하사 회개하라 하셨으니 이는 정하신 사람으로 하여금 천하를 공의로 심판할 날을 작정하시고 이에 그를 죽은 자 가운데서 다시 살리신 것으로 모든 사람에게 믿을 만한 증거를 주셨음이니라 하니라"(사도행전 17:30-31).

"먼저 다메섹과 예루살렘에 있는 사람과 유대 온 땅과 이방인에게까지 회개하고 하나님께로 돌아와서 회개에 합당한 일을 하라 전하므로"(사도행전 26:20).

회개의 두 가지 측면

회개의 가장 본질적인 목적은 구원이다. 이런 회개는 성전에 올라 간 세리의 예에서 잘 나타난다. 하나님께 자신이 얼마나 선한지를 늘어놓은 바리새인과 달리, 세리는 자기 죄 때문에 겸손해져서 하늘을 쳐다보지도 못하고 가슴을 치며 말했다. "오, 하나님! 이 죄인을 불쌍히 여겨 주십시오." 이것이 바로 하나님께서 각 사람에게서 듣고 싶어하시는 부르짖음이다. "누구든지 주의 이름을 부르는 자는 구원을 받으리라"(사도행전 2:21) 하셨기 때문이다.

예수님께서는 세리에 대해 이렇게 말씀하셨다. "이 사람이 의롭다 하심을 받고 그의 집으로 내려갔느니라 무릇 자기를 높이는 자는 낮아지고 자기를 낮추는 자는 높아지리라"(누가복음 18:14).

회개의 또 다른 측면은 신자로서 지은 죄를 고백하고 버리는 것이다. 이것은 죄를 지은 다윗의 회개와 주님을 부인한 베드로의 회개에서 잘 드러난다.

어떻게 회개의 마음을 확실히 갖는가?

회개의 자세를 배우는 아주 좋은 방법은 성경에 나오는 회개의 기도를 묵상하는 것이다. 시편 51편에 나오는 다윗의 회개 기도가 대표적 사례이다. 이

회개는 에덴동산에서 깨진 관계를 회복한다.

"죄의 삯은 사망이요 하나님의 은사는 그리스도 예수 우리 주 안에 있는 영생이니라"_로마서 6:23

시편 51편을 나의 표현으로 요약하기

____

____

____

____

____

____

회개의 영은 우리가 하나님께 달라고 요청할 수 있는 선물이다.

"거역하는 자를 온유함으로 훈계할지니 혹 하나님이 그들에게 회개함을 주사 진리를 알게 하실까 하며"
_디모데후서 2:25

기도를 공부하면서 깨달은 점과 삶에 적용할 점을 기록한다.

"하나님이여 주의 인자를 따라 내게 은혜를 베푸시며 주의 많은 긍휼을 따라 내 죄악을 지워 주소서 나의 죄악을 말갛게 씻으시며 나의 죄를 깨끗이 제하소서 무릇 나는 내 죄과를 아오니 내 죄가 항상 내 앞에 있나이다 내가 주께만 범죄하여 주의 목전에 악을 행하였사오니 주께서 말씀하실 때에 의로우시다 하고 주께서 심판하실 때에 순전하시다 하리이다"

"내가 죄악 중에서 출생하였음이여 어머니가 죄 중에서 나를 잉태하였나이다 보소서 주께서는 중심이 진실함을 원하시오니 내게 지혜를 은밀히 가르치시리이다 우슬초로 나를 정결하게 하소서 내가 정하리이다 나의 죄를 씻어 주소서 내가 눈보다 희리이다 내게 즐겁고 기쁜 소리를 들려 주시사 주께서 꺾으신 뼈들도 즐거워하게 하소서 주의 얼굴을 내 죄에서 돌이키시고 내 모든 죄악을 지워 주소서"

"하나님이여 내 속에 정한 마음을 창조하시고 내 안에 정직한 영을 새롭게 하소서 나를 주 앞에서 쫓아내지 마시며 주의 성령을 내게서 거두지 마소서 주의 구원의 즐거움을 내게 회복시켜 주시고 자원하는 심령을 주사 나를 붙드소서"

"그리하면 내가 범죄자에게 주의 도를 가르치리니 죄인들이 주께 돌아오리이다 하나님이여 나의 구원의 하나님이여 피 흘린 죄에서 나를 건지소서 내 혀가 주의 의를 높이 노래하리이다"

"주여 내 입술을 열어 주소서 내 입이 주를 찬송하여 전파하리이다 주께서는 제사를 기뻐하지 아니하시나니 그렇지 아니하면 내가 드렸을 것이라 주는 번제를 기뻐하지 아니하시나이다 하나님께서 구하시는 제사는 상한 심령이라 하나님이여 상하고 통회하는 마음을 주께서 멸시하지 아니하시리이다 주의 은택으로 시온에 선을 행하시고 예루살렘 성을 쌓으소서 그 때에 주께서 의로운 제사와 번제와 온전한 번제를 기뻐하시리니 그 때에 그들이 수소를 주의 제단에 드리리이다"(시편 51:1-19).

하나님의 율법은 우리 마음의 상태를 보여주는 거울이다.

"자유롭게 하는 온전한 율법을 들여다보고 있는 자는 듣고 잊어버리는 자가 아니요 실천하는 자니 이 사람은 그 행하는 일에 복을 받으리라"_야고보서 1:25

회개한 증거는 무엇인가?

세례 요한은 사람들에게 회개하라고 소리쳤다. "그러므로 회개에 합당한 열매를 맺으라"(마태복음 3:8).

하나님께서 요나를 보내 니느웨 성의 죄악을 경고하셨을 때 니느웨의 왕과 백성들은 이 회개의 열매를 잘 보여 주었다. 요나의 메시지는 짧고 명확했다. "사십 일이 지나면 니느웨가 무너지리라"

"니느웨 사람들이 하나님을 믿고 금식을 선포하고 높고 낮은 자를 막론하고 굵은 베 옷을 입은지라 그 일이 니느웨 왕에게 들리매 왕이 보좌에서 일어나 왕복을 벗고 굵은 베 옷을 입고 재 위에 앉으니라"

"왕과 그의 대신들이 조서를 내려 니느웨에 선포하여 이르되 사람이나 짐승이나 소 떼나 양 떼나 아무것도 입에 대지 말지니 곧 먹지도 말 것이요 물도 마시지 말 것이며 사람이든지 짐승이든지 다 굵은 베 옷을 입을 것이요 힘써 하나님께 부르짖을 것이며 각기 악한 길과 손으로 행한 강포에서 떠날 것이라"

"하나님이 뜻을 돌이키시고 그 진노를 그치사 우리가 멸망하지 않게 하시리라 그렇지 않을 줄을 누가 알겠느냐 한지라 하나님이 그들이 행한 것 곧 그 악한 길에서 돌이켜 떠난 것을 보시고 하나님이 뜻을 돌이키사 그들에게 내리리라고 말씀하신 재앙을 내리지 아니하시니라"(요나 3:4-10).

니느웨가 맺은 회개의 열매는 자신들의 악한 길에서 돌이키는 것이었다. 하나님께서 우리를 책망하고 징계하시는 것은 모든 신자에게 열심히 회개하라고 명하시는 격이다. "무릇 내가 사랑하는 자를 책망하여 징계하노니 그러므로 네가 열심을 내라 회개하라"(요한계시록 3:19).

회개하고 싶지 않으면 어쩌나?

회개의 영은 자신이 지은 죄를 심각하게 바라보는 사람들에게 주시는 하나님의 선물이다. 사탄은 우리가 지옥에 갈 만한 일을 하지 않았고 누구를 죽이거나 큰 범죄를 짓지 않았기 때문에 그다지 악한 사람이 아니라고 생각하도록 우리를 속인다.

우리는 우리의 죄의 심각성을 변명하는 경향이 있어서 하나님께서는 우리가 하나님의 율법을 거울삼아 우리 자신이 얼마나 인식하지 못할 정도로 망가졌는지 깨닫기를 바라신다.

예를 들어, 당신은 거짓말한 적이 있는가? 만일 그렇다면 누구든지 단 한 가지 범죄만 저질러도 범죄자이고 단 한 가지 법만 어겨도 범법자이듯이 당신은 거짓말쟁이다.

거짓말은 하나님의 율법을 어기는 중죄이다. 거짓말은 하나님의 주요 계명을 위반한 것이다. "네 이웃에 대하여 거짓 증거하지 말라"(출애굽기 20:16).

거짓말을 한다는 것은 우리가 사탄에게 영향을 받았다는 증거이기도 하다. "그는……진리가 그 속에 없으므로 진리에 서지 못하고 거짓을 말할 때마다 제 것으로 말하나니 이는 그가 거짓말쟁이요 거짓의 아비가 되었음이라"(요한복음 8:44).

양은 푸른 풀밭에서는 하얗게 보여도, 하얀 눈 위에서는 더러운 회색이다.

"그들은 죄악을 꾸미며 이르기를 우리가 묘책을 찾았다 하나니 각 사람의 속 뜻과 마음이 깊도다"
_이사야 64:6

우리가 죄를 깨닫는 길은 바로 율법을 통해서이다.

"그런즉 우리가 무슨 말을 하리요 율법이 죄냐 그럴 수 없느니라 율법으로 말미암지 않고는 내가 죄를 알지 못하였으니 곧 율법이 탐내지 말라 하지 아니하였더라면 내가 탐심을 알지 못하였으리라"
_로마서 7:7

회개하라는 부르심은 회개하는 마음에 합당한 열매를 맺으라는 부르심이기도 하다.

"그러면 우리가 무엇을 하리이까 대답하여 이르되 옷 두 벌 있는 자는 옷 없는 자에게 나눠 줄 것이요 먹을 것이 있는 자도 그렇게 할 것이니라……부과된 것 외에는 거두지 말라…… 사람에게서 강탈하지 말며 거짓으로 고발하지 말고 받는 급료를 족한 줄로 알라 하니라"
_누가복음 3:10-14

모든 거짓말쟁이에게는 아주 끔찍한 징벌이 기다리고 있다. "……거짓말하는 모든 자들은 불과 유황으로 타는 못에 던져지리니 이것이 둘째 사망이라"(요한계시록 21:8).

아나니아와 삽비라는 땅 판 돈의 액수를 거짓말했을 때 둘 다 하나님께 죽임을 당했다. 거짓말하는 사람은 모두 회개해야 한다.

당신은 남의 것을 가져간 적이 있는가? 만일 그렇다면 당신은 도둑이고 주요 계명을 위반한 셈이다. "도둑질하지 말라"(출애굽기 20:15). 도둑질하는 사람은 모두 회개해야 한다.

음욕을 품고 사람을 바라본 적이 있는가? 만일 그렇다면 그것은 간음이다. 예수님께서는 분명하게 말씀하셨다. "나는 너희에게 이르노니 음욕을 품고 여자를 보는 자마다 마음에 이미 간음하였느니라"(마태복음 5:28). 간음하는 사람은 모두 회개해야 한다.

당신은 누군가에게 화내거나 누군가를 미워한 적이 있는가? 만일 그렇다면 당신의 죄목에 살인을 추가한 셈이다. 하나님께서 말씀하셨다. "그 형제를 미워하는 자마다 살인하는 자니 살인하는 자마다 영생이 그 속에 거하지 아니하는 것을 너희가 아는 바라"(요한일서 3:15). 살인하는 사람은 모두 회개해야 한다.

당신은 부모님께 불만을 품고 마음속으로 부모님을 욕한 적이 있는가? 만일 그렇다면 "아버지나 어머니를 비방하는 자는 반드시 죽임을 당하리라"(마태복음 15:4) 하신 하나님께 무서운 유죄판결을 받은 셈이다. 하나님께서는 이 원칙을 특별히 강조하신다. "네 아버지와 어머니를 공경하라 이것은 약속이 있는 첫 계명이니 이로써 네가 잘되고 땅에서 장수하리라"(에베소서 6:2-3). 부모를 무시하는 사람은 모두 회개해야 한다.

당신은 타인의 것을 욕심낸 적이 있는가? 하나님의 율법에서 제10계명은 "네 이웃의 집을 탐내지 말라 네 이웃의 아내나 그의 남종이나 그의 여종이나 그의 소나 그의 나귀나 무릇 네 이웃의 소유를 탐내지 말라"(출애굽기 20:17)이다.

탐심은 하나님께서만 주실 수 있는 유익을 사람이나 소유에 기대하는 것이다. 그러므로 탐심은 우상숭배와 같다. (골로새서 3:5을 보라.) 우상을 숭배하는 사람은 모두 회개해야 한다.

그리스도께서는 "네 마음을 다하고 목숨을 다하고 뜻을 다하고 힘을 다하여 주 너의 하나님을 사랑하라 [이것이 첫째 계명이다]"(마가복음 12:30) 하셨다. 당신의 삶은 이 말씀에 일치하는가? 만일 그렇지 않다면 당신은 첫째 계명이며 가장 큰 계명을 위반했기 때문에 반드시 회개해야 한다.

만일 당신이 이들 계명 중 단 몇 개만 어겼을 뿐이라고 생각한다면, 사실 당신은 모든 계명을 위반한 셈이다. 하나님께서 "누구든지 온 율법을 지키다가 그 하나를 범하면 모두 범한 자가 되나니"(야고보서 2:10)라고 하셨기 때문이다. 모든 율법은 '하나님을 사랑하고 타인을 사랑하라'는 두 계명으로 압축되기 때문에 이것은 틀림없는 사실이다. 각 계명을 지키면 사랑이 표현된다.

법을 어기면 항상 대가가 따르듯 하나님의 율법을 어기면 영원한 형벌이 따른다. "불의한 자가 하나님의 나라를 유업으로 받지 못할 줄을 알지 못하느냐 미혹을 받지 말라 음행하는 자나 우상 숭배하는 자나 간음하는 자나 탐색하는 자나 남색하는 자나 도적이나 탐욕을 부리는 자나 술 취하는 자나 모욕하는 자나 속여 빼앗는 자들은 하나님의 나라를 유업으로 받지 못하리라"(고린도전서 6:9-10).

회개의 보상

사람은 누구도 하나님의 율법을 어긴 데 대한 무시무시한 결과인 영원한 죽음을 피할 수 없다. 그러나 성경의 약속대로 만일 우리가 회개하면 이 결과를 면할 수 있다. "그러므로 너희가 회개하고 돌이켜 너희 죄 없이 함을 받으라"(사도행전 3:19).

우리의 죄가 다 지워졌다면 다시는 죄가 우리의 발목을 잡을 수 없고 우리는 영생의 보상을 누리게 된다.

우리의 회개를 요구하시는 하나님의 목적

예수님께서는 "회개하라 천국이 가까이 왔느니라"라고 말씀하셨다. 회개의 목적은 하나님의 나라의 정식 일원이 되는 것이다.

나라는 세 가지 본질적 요소가 있다. 왕과 왕의 법과 그 법에 순종하는 백성이다. 하나님의 나라의 법은 구약성경에서 기초가 세워졌고 신약성경에서 해설되었다. 우리 인생의 목적은 하나님의 나라를 확장하고 사탄의 나라를 무너뜨리는 것이다.

하나님께서는 회개의 보상으로 우리에게 성령을 가득 부어주시고 당신의 존전에서 영원히 사는 삶을 약속하신다.

"나의 책망을 듣고 돌이키라 보라 내가 나의 영을 너희에게 부어 주며 내 말을 너희에게 보이리라"
_잠언 1:23

회개를 미루는 것은 우리가 하나님보다 사람이나 사물을 더 사랑한다고 인정하는 셈이다.

"……보라 지금은 은혜 받을 만한 때요 보라 지금은 구원의 날이로다"
_고린도후서 6:2

회개하라는 명령은 예수님의 삶과 사역을 어떻게 드러내는가?

참된 회개의 열쇠는 우리의 동기를 점검하는 것이다. 달리 말해 하나님께서 우리를 만드신 목적대로 우리가 사랑하는 하늘 아버지와 관계가 두터워지고 증진되기를 진심으로 원하느냐이다.

예수님께서 이 땅에 오셨을 때 그분의 목표는 우리가 단지 에덴동산에서 잃어버린 복을 회복하는 것이 아니라 아담과 하와가 죄를 지었을 때 깨진 하나님과 사람의 관계를 회복하는 것이었다.

다윗은 관계를 회복하려고 회개했기에 관계가 회복되었다. 에서는 땅의 복을 얻으려고 회개했기에 하늘의 보물과 땅의 보물을 모두 잃었다.

우리가 회개한 이유는 그리스도와 생생한 관계를 열망했기 때문인가 아니면 단지 잘못된 선택의 대가를 피하고 싶었기 때문인가?

적절한 회개 기도

구원을 위한 기도

"주 하나님, 하나님께서는 거룩하시고 저는 죄인입니다. 저는 인생을 제 마음대로 살아서 하나님과 하나님의 법을 거스르는 죄를 지었습니다. 이제 저의 죄를 회개하고 하나님께 부르짖습니다. 하나님, 죄인인 저에게 자비를 베푸시어 영원한 심판에서 구원해 주시옵소서. 저는 저의 죄를 버리고 저 자신을 온전히 하나님께 드립니다. 주 예수 그리스도께 무릎 꿇고 고백합니다. 예수님께서는 제 삶의 주인이십니다. 예수님의 이름으로 기도합니다. 아멘"

관계 회복을 위한 기도

"여호와여 주의 긍휼하심과 인자하심이 영원부터 있었사오니 주여 이것들을 기억하옵소서 여호와여 내 젊은 시절의 죄와 허물을 기억하지 마시고 주의 인자하심을 따라 주께서 나를 기억하시되 주의 선하심으로 하옵소서 하나님이여 주의 인자를 따라 내게 은혜를 베푸시며 주의 많은 긍휼을 따라 내 죄악을 지워 주소서 나의 죄악을 말갛게 씻으시며 나의 죄를 깨끗이 제하소서 무릇 나는 내 죄과를 아오니 내 죄가 항상 내 앞에 있나이다 내가 주께만 범죄하여 주의 목전에 악을 행하였사오니 주께서 말씀하실 때에 의로우시다 하고 주께서 심판하실 때에 순전하시다하리이다"(시편 25:6-7, 시편 51:1-4). "하나님 아버지의 아들, 주 예수 그리스도께서 흘리신 보혈로 인해 아버지께서 저를 용서하시고 관계를 회복하여 주시기를 간절히 구하옵나이다. 예수님의 이름으로 기도합니다. 아멘."

삶에 적용하기

'삶을 배우는 모임' 참석자들은 회개하라는 명령과 이 명령에 관련된 품성을 읽고 아래 문제에 답을 적고 다른 조원들과 나눈다. 조원들은 서로 나누는 동안 성령으로 하나가 되고 진리 안에서 교제하며 성실한 적용을 위해 서로를 점검해 줄 수 있다.

이렇게 협력하면 서로를 위해 간절하고 강력한 기도를 하게 되어 야고보서 5장 16절에 약속되었듯이 큰 능력이 나타날 것이다. "너희 죄를 서로 고백하며 병이 낫기를 위하여 서로 기도하라 의인의 간구는 역사하는 힘이 큼이니라"

1. 이 명령을 공부하는 동안 하나님께서는 내게 다음과 같은 삶의 영역에서 회개할 필요를 깨닫게 해 주셨다.____

2. 이번 주에 내가 실천하기로 계획하는 단계별 행동 (다음 쪽을 보라.): ________________________

____

3. 나는 내 잘못으로 인한 피해를 복구하기 위해서가 아니라, 하나님과의 관계를 재정립하고 내가 잘못을 저지른 사람들과의 관계를 회복하기 위하여 회개하고 싶다.

4. 나는 __________________________(구원받은 날짜)에 하나님께 자비와 구원을 간구하였으므로 내가 이제 하나님의 자녀임을 안다.

5. 나는 ____________________________(세례 받은 날짜)에 세례를 통해 내가 회개했고 구원받았음을 사람들에게 알렸다.

6. 내가 승리하려면 하나님의 은혜가 필요하다. 그러므로 나는 다음과 같이 자신을 겸손히 낮추겠다.

   □ 온전히 하나님께만 의지할 존재임을 고백함으로

   □ 하나님께 자비를 구함으로

   □ 하나님과 타인에게 용서를 구함으로

   □ 사람들에게 기도를 부탁함으로

   □ ____

참된 회개를 위한 다짐

☐ 고백해야 할 죄들을 확실히 청산하겠다.

☐ 내가 어떻게 상처를 주었는지를 주변 사람들에게 묻겠다.

☐ 하나님께 나의 마음을 살펴 달라고 간구하겠다.

☐ 시편 51편을 읽고 공부하겠다.

☐ 하나님께 회개의 영을 달라고 기도하겠다.

☐ 겸손을 배우고 자비를 구하고 죄를 멀리하여 회개를 삶으로 보이겠다.

☐ 하나님의 계명을 어긴 죄를 인정하겠다.

☐ 성경의 기도를 사용하여 금식하고 죄를 고백하는 시간을 갖겠다.

메모

다시 태어나라

그래야 하나님의 나라를 본다

"예수께서 대답하여 이르시되 진실로 진실로 네게 이르노니 사람이 거듭나지 아니하면 하나님의 나라를 볼 수 없느니라……내가 네게 거듭나야 하겠다 하는 말을 놀랍게 여기지 말라" -요한복음 3:3, 7

'거듭남'이란 무슨 뜻인가?

'거듭나다'로 번역된 헬라어는 '위로부터, 처음부터 다시'를 뜻하는 '아노덴'과 '아버지에게서 낳다'를 뜻하는 '겐나오'이다.

첫 번째 태어날 때는 부모의 특징, 형질, 약함, 한계를 물려받는다. 두 번째 태어날 때 우리는 하늘 아버지의 특징, 형질, 강함, 능력을 물려받는다.

왜 예수님께서는 장대 위에 달린 놋뱀의 예로 거듭남을 가르치셨는가?

니고데모는 유대 관원이었다. 당연히 그도 다른 지도자들과 마찬가지로 로마의 지배를 받는 냉혹한 처지에 고심했을 것이다. 이스라엘 민족이 광야의 혹독한 조건을 불평했듯이 그도 당시 유대인들의 현실을 불평했을지 모른다.

이스라엘 자손은 하나님께서 하신 놀라운 일들을 잊고 현재 상황만 바라봤다. 그들이 광야에서 불평하자 하나님께서는 그들에게 불뱀들을 보내셨다. 처음에 뱀에 물린 자들이 죽자 백성들은 하나님의 심판임을 깨닫고 모세에게 하나님께서 자기들을 구원해 주시도록 기도해 달라고 부르짖었다. 하나님께서는 모세의 기도에 응답하여 "불뱀을 만들어 장대 위에 매달아라"라고 지시하셨다(민수기 21:9). 그러나 치료 효과를 보려면 뱀에게 물린 사람이 믿음으로 놋뱀을 쳐다봐야 했다.

틀림없이 모세 시대의 군중 가운데는 뱀을 쳐다보는 사람들을 조롱하고 비웃는 사람도 있었을 것이다. 니고데모도 예수를 메시아로 받아들이지 않는 종교 지도자들에게 비슷한 압박을 받았다. 성경은 니고데모가 밤에 예수님을 찾아온 점을 놓치지 않았다.

이스라엘 민족이 광야에서 믿음으로 장대 위에 달린 놋뱀을 쳐다봐야 했듯이, 니고데모는 믿음으로 곧 십자가에 못 박히실 주 예수 그리스도를 쳐다봐야 했다. 놋

탐구 질문:

예수님께서는 니고데모에게 중생을 설명하시면서 왜 이사야의 예언이 아니라 모세의 이야기를 하셨는가? (요한복음 3:14, 이사야 53장을 보라.)

"처음에 당신을 만드신 분 외에는 아무도 다시 당신을 만들 수 없다."

—W. Y. 플러튼

"그런즉 누구든지 그리스도 안에 있으면 새로운 피조물이라 이전 것은 지나갔으니 보라 새 것이 되었도다" _고린도후서 5:17

뱀은 죄를 상징한다. 예수님께서는 우리의 죄를 짊어지셔서 우리를 대신해 죄가 되셨다.

구약은 구원을 설명하는 비유가 가득하다. 따라서 예수님께서는 엠마오로 가던 두 제자와 동행하시면서 "모세와 모든 선지자의 글로 시작하여 모든 성경에 쓴 바 자기에 관한 것을 자세히 설명하셨다"(누가복음 24:27).

거지 나사로와 부자의 비유에서 아브라함은 부자에게 그의 형제들이 모세와 선지자들의 글을 믿지 않으면 "죽은 자 가운데서 살아나는 자가 있을지라도"(누가복음 16:31) 믿지 않을 것이라고 말했다.

사도 바울은 복음을 들은 사람들의 눈을 가린 불신의 "수건"을 언급했다. (고린도후서 3:15) 그러나 구약성경의 이야기들 속에도 사람을 구원으로 이끌기에 충분한 빛이 있다. 그것이 구약성경의 목적이다. "이같이 율법이 우리를 그리스도께로 인도하는 초등교사가 되어 우리로 하여금 믿음으로 말미암아 의롭다 함을 얻게 하려 함이라"(갈라디아서 3:24).

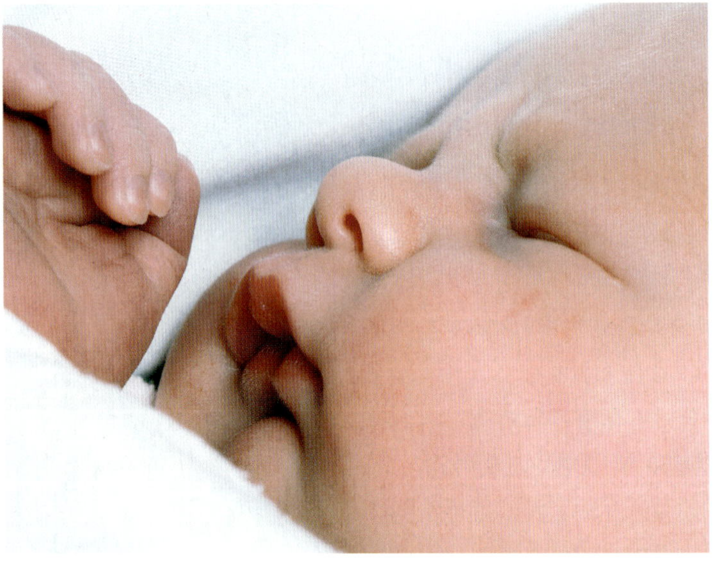

아이들이 부모를 닮듯이 우리는 그리스도를 닮으리라는 큰 소망이 있다.

"사랑하는 자들아 우리가 지금은 하나님의 자녀라 장래에 어떻게 될지는 아직 나타나지 아니하였으나 그가 나타나시면 우리가 그와 같을 줄을 아는 것은 그의 참모습 그대로 볼 것이기 때문이니" _요한일서 3:2

왜 거듭남이 꼭 필요한가?

우리는 죄성(罪性)을 가지고 세상에 태어난다. 이것은 아담의 죄에서 우리에게 전가되었다. "그러므로 한 사람으로 말미암아 죄가 세상에 들어오고 죄로 말미암아 사망이 들어왔나니 이와 같이 모든 사람이 죄를 지었으므로 사망이 모든 사람에게 이르렀느니라"(로마서 5:12). 하나님의 가족으로 새롭게 태어남으로 변화되지 않는 한 이 죄성을 극복할 길은 없다. "하나님이 죄를 알지도 못하신 이 그리스도를 우리를 대신하여 죄로 삼으신 것은 우리로 하여금 그 안에서 하나님의 의가 되게 하려 하심이라"(고린도후서 5:21).

거듭남은 어떻게 일어나는가?

니고데모는 다시 태어나야 한다는 예수님의 말씀에 몹시 당황했다. 그것은 전혀 뜻밖의 제안이었다. 사람이 어머니의 뱃속에 다시 들어갔다가 태어난다는 것은 상상도 할 수 없는 일이었다. 예수님께서 그것은 육체적인 탄생이 아니라 영적인 탄생을 말한 것이라고 밝히셨다. "예수께서 대답하시되 진실로 진실로 네게 이르노니 사람이 물과 성령으로 나지 아니하면 하나님의 나라에 들어갈 수 없느니라 육으로 난 것은 육이요 영으로 난 것은 영이니 내가 네게 거듭나야 하겠다 하는 말을 놀랍게 여기지 말라"(요한복음 3:5-7).

새로 태어나려면 '부르짖음'이 얼마나 필요한가?

태아가 어머니 뱃속에서 다 자라서 태어나도 생명이 없을 경우가 있다. '사산(死産)'은 모두에게 슬픈 일이다.

출산 과정의 일부로 아기가 태어나면 곧바로 아기가 숨을 쉬게 하는 것이 매우 중요하다. 첫 호흡은 대개 첫 울음(부르짖음)으로 시작된다.

이와 같이 영적인 탄생 과정에서도 영적인 갓난아기가 주님의 이름을 부르짖는 '첫 울음(부르짖음)이 꼭 필요하다.' 구원과 주님의 이름 부르기를 함께 연결하여 말하는 다음 성경 구절을 주목하라

"누구든지 주의 이름을 부르는 자는 구원을 받으리라 하였느니라"(사도행전 2:21).

"유대인이나 헬라인이나 차별이 없음이라 한 분이신 주께서 모든 사람의 주가 되사 그를 부르는 모든 사람에게 부요하시도다 누구든지 주의 이름을 부르는 자는 구원을 받으리라"(로마서 10:12-13).

우리는 "각처에서 우리의 주 곧 그들과 우리의 주 되신 예수 그리스도의 이름을 부르는……" 성도가 되도록 부름을 받았다(고린도전서 1:2).

주님의 이름을 부르는 것은 아담과 하와의 자손들에게서 시작되었다. 아담의 아들, 셋은 "아들을 낳고 그의 이름을 에노스라 하였으며 그 때에 사람들이 비로소 여호와의 이름을 불렀더라"(창세기 4:25-26).

구원을 가져오는 부르짖음은 무엇인가?

예수님께서는 다음 이야기에서 진정으로 회개하는 사람의 부르짖음을 설명하셨다.

"두 사람이 기도하러 성전에 올라가니 하나는 바리새인이요 하나는 세리라 바리새인은 서서 따로 기도하여 이르되 하나님이여 나는 다른 사람들 곧 토색, 불의, 간음을 하는 자들과 같지 아니하고 이 세리와도 같지 아니함을 감사하나이다 나는 이레에 두 번씩 금식하고 또 소득의 십일조를 드리나이다 하고 세리는 멀리 서서 감히 눈을 들어 하늘을 쳐다보지도 못하고 다만 가슴을 치며 이르되 하나님이여 불쌍히 여기소서 나는 죄인이로소이다 하였느니라 내가 너희에게 이르노니 이에 저 바리새인이 아니고 이 사람이 의롭다 하심을 받고 그의 집으로 내려갔느니

내 소망되소서

(찬송가 484장)

내 맘의 주여 소망 되소서
주 없이 모든 일 헛되어라
밤에나 낮에나 주님 생각
잘 때나 깰 때 함께하소서

지혜의 주여 말씀으로서
언제나 내 안에 계십소서
주는 내 아버지 나는 아들
주 안에 내가 늘 함께하네

_옛 아일랜드 찬송가

하나님께 영광

(찬송가 615장)

그 큰일을 행하신 주께 영광
이 세상을 사랑해 주 오셨네
우리 죄를 위하여 죽으시사
저 영원한 생명 문 여시었네

후렴:
우리 주 높이세 귀한 말씀 듣고
우리 주 높이세 모두 기뻐하며
주 예수님 힘입어 하나님께
그 행하신 큰 역사 찬양하세

_패니 크로스비

자연의 어떤 힘도 하나님 말씀의 살아 있는 능력에 필적할 수 없다.

"우리를 구원하시되 우리가 행한 바 의로운 행위로 말미암지 아니하고 오직 그의 긍휼하심을 따라 중생의 씻음과 성령의 새롭게 하심으로 하셨나니"_디도서 3:5

"너희 중에 이와 같은 자들이 있더니 주 예수 그리스도의 이름과 우리 하나님의 성령 안에서 씻음과 거룩함과 의롭다 하심을 받았느니라"_고린도전서 6:11

라 무릇 자기를 높이는 자는 낮아지고 자기를 낮추는 자는 높아지리라 하시니라"(누가복음 18:10-14).

우리는 주 예수 그리스도와 그분의 대속(代贖)을 믿음으로 다시 태어난다.

"그러면 무엇을 말하느냐 말씀이 네게 가까워 네 입에 있으며 네 마음에 있다 하였으니 곧 우리가 전파하는 믿음의 말씀이라 네가 만일 네 입으로 예수를 주로 시인하며 또 하나님께서 그를 죽은 자 가운데서 살리신 것을 네 마음에 믿으면 구원을 받으리라 사람이 마음으로 믿어 의에 이르고 입으로 시인하여 구원에 이르느니라 성경에 이르되 누구든지 그를 믿는 자는 부끄러움을 당하지 아니하리라 하니"(로마서 10:8-11).

거듭남의 물은 무엇인가?

예수님께서는 물과 성령이 거듭남의 두 요소라고 밝히셨다.

예수님께서 영적인 탄생을 육체적 탄생에 직접 비유하셨기 때문에 태아를 둘러싼 물과 거듭날 사람을 둘러싼 말씀의 물이 갖는 내용과 목적을 비교해 봄직하다.

베드로는 거듭남에서 하나님의 말씀을 물처럼 표현한다. "너희가 거듭난 것은 썩어질 씨로 된 것이 아니요 썩지 아니할 씨로 된 것이니 살아 있고 항상 있는 하나님의 말씀으로 되었느니라"(베드로전서 1:23).

자궁에서 태아를 둘러싼 물을 양수라고 한다. 태아의 안전과 건강한 발육과 출산을 위해서는 양수가 꼭 있어야 한다. 이와 같이 거듭남의 이전과 이후에도 하나님의 말씀이 반드시 있어야 한다. 우리가 영적으로 태어나기 전에 반드시 성령의 깨달음으로 복음이 먼저 우리에게 와야 한다.

베드로는 영원히 살고 거하는 하나님의 말씀으로 우리가 거듭난다고 말하여 이 말씀의 영원성을 설명한다. "오직 주의 말씀은 세세토록 있도다 하였으니 너희에게 전한 복음이 곧 이 말씀이니라"(베드로전서 1:25).

베드로는 갓 태어난 신자들을 가르치며 이 비유를 확대 적용한다. "갓난 아기들 같이 순전하고 신령한 젖을 사모하라 이는 그로 말미암아 너희로 구원에 이르도록 자라게 하려 함이라"(베드로전서 2:2).

성령께서 어떻게 우리를 거듭나게 하시는가?

예수님께서는 우리가 반드시 물과 성령으로 새로 태어나야 한다고 밝히셨다. 성령께서는 사람들을 감동시켜 하나님의 말씀을 기록하게 하시고 또 주 예수 그리스도를 믿게 하여 새로 태어나게 하시는 분이시다. 바울은 "성령으로 아니하고는 누구든지 예수를 주시라 할 수 없느니라"(고린도전서 12:3) 하였다.

거듭남을 준비하는 과정에서 성령께서는 "죄에 대하여, 의에 대하여, 심판에 대하여 세상을 책망하여"(요한복음 16:8) 사람들에게 구원의 필요성을 보여주신다. 신자들이 사랑, 희락, 화평과 같은 성령의 열매를 경험하게 하시는 분도 바로 성령이시다.

어떤 사람이 거듭날 때는 성령께서 그 사람 안에 거하신다. 성령께서는 우리가 하나님의 자녀임을 확증하신다. "성령이 친히 우리의 영과 더불어 우리가 하나님의 자녀인 것을 증언하시나니"(로마서 8:16).

거듭날 때 무슨 일이 일어나는가?

거듭난 사람의 삶에는 엄청난 변화가 일어난다. 바울은 그 변화를 이렇게 설명한다. "누구든지 그리스도 안에 있으면 새로운 피조물이라 이전 것은 지나갔으니 보라 새 것이 되었도다"(고린도후서 5:17).

여기서 '되었다'는 헬라어 원문에서 직설법 완료시제이다. 이것은 이 행위가 과거에 이미 완료되었고 그 결과가 미래에도 계속 영향을 미친다는 뜻이다. 이는 구원의 두 가지 면을 강조한다. 첫째는 그리스도 안에 있는 우리의 신분이고 둘째는 그리스도 안에서 계속 자라는 우리의 경험이다.

거듭난 신자는 그리스도의 의로우심을 입고 그분 안에서 의롭다. 그러나 그는 성령께 힘입어 의로운 행위를 해야 한다. 우리는 신분으로는 하나님 앞에

갓난아기를 잘 돌보려면 매일 먹이고 세심히 훈련해야 한다. 영적 아기도 똑같다.

"보라 아버지께서 어떠한 사랑을 우리에게 베푸사 하나님의 자녀라 일컬음을 받게 하셨는가"
_요한일서 3:1

예수님께서 당신과 우리의 관계를 하나님의 가족으로 태어난 것에 비유하신 것을 보면 그분께서 우리에게 헌신하셨다고 확신해도 좋을 것이다.

"내가 그들에게 영생을 주노니 영원히 멸망하지 아니할 것이요 또 그들을 내 손에서 빼앗을 자가 없느니라 그들을 주신 내 아버지는 만물보다 크시매 아무도 아버지 손에서 빼앗을 수 없느니라"
_요한복음 10:28-29

"우리로 하여금 빛 가운데서 성도의 기업의 부분을 얻기에 합당하게 하신 아버지께 감사하게 하시기를 원하노라 그가 우리를 흑암의 권세에서 건져내사 그의 사랑의 아들의 나라로 옮기셨으니"
_골로새서 1:12-13

거룩하지만 동시에 하나님을 두려워하는 마음으로 "거룩함을 온전히" 이루어야 한다. (베드로전서 1:16, 고린도후서 7:1을 보라.)

거듭난 신자는 죄를 짓지 않는 새 본성을 갖는다. 불행히도 이 본성은 옛 본성과 공존한다. 따라서 우리는 끊임없이 갈등한다.

하나님의 견책은 그분의 가족이 성숙해지는 데에 꼭 필요한 부분이다

"주께서 그 사랑하시는 자를 징계하시고 그가 받아들이시는 아들마다 채찍질하심이라 하였으니"_히브리서 12:6

사도 요한은 새로 태어난 본성을 이렇게 묘사한다. "하나님께로부터 난 자마다 죄를 짓지 아니하나니 이는 하나님의 씨가 그의 속에 거함이요 그도 범죄하지 못하는 것은 하나님께로부터 났음이라"(요한일서 3:9).

우리는 이 영원한 생명의 씨를 품었기 때문에 세상의 부패를 이길 수 있다. "무릇 하나님께로부터 난 자마다 세상을 이기느니라 세상을 이기는 승리는 이것이니 우리의 믿음이니라……하나님께로부터 난 자는 다 범죄하지 아니하는 줄을 우리가 아노라 하나님께로부터 나신 자가 그를 지키시매 악한 자가 그를 만지지도 못하느니라"(요한일서 5:4, 18).

하나님의 사랑을 받아 그 사랑을 나눠주는 것이 구원의 궁극적인 목적이다. "사랑하는 자들아 우리가 서로 사랑하자 사랑은 하나님께 속한 것이니 사랑하는 자마다 하나님으로부터 나서 하나님을 알고 사랑하지 아니하는 자는 하나님을 알지 못하나니 이는 하나님은 사랑이심이라"(요한일서 4:7-8).

거듭남의 증거는 무엇인가?

거듭남으로 하나님의 생명이 우리 안에 흐르면 놀라운 일이 벌어졌다는 몇 가지 확실한 증거가 나타난다. 어떤 사람에게는 이 증거가 즉각적이고 극적으로 나타나지만 어떤 사람에게는 서서히 나타나기도 한다.

1. 하나님의 말씀을 사랑한다.

성령께서는 거듭난 신자의 삶에 개입하여 그를 구원한 말씀을 더 갈구하게 하신다. 신자는 바로 이 말씀을 통해 성장한다. 따라서 베드로는 신자들에게 권면한다. "갓난 아기들 같이 순전하고 신령한 젖을 사모하라 이는 그로 말미암아 너희로 구원에 이르도록 자라게 하려 함이라"(베드로전서 2:2).

2. 죄를 새롭게 의식한다.

성령께서는 거듭난 신자가 하나님을 슬프시게 하는 말이나 생각이나 행동을 할 때 책망하신다. 새로 거듭난 신자가 성숙해지는 길은 예리한 양심과 성령의 인도에 바르게 응답하는 것이다. "이는 젖을 먹는 자마다 어린 아이니 의의 말씀을 경험하지 못한 자요 단단한 음식은 장성한 자의 것이니 그들은 지각을 사용함으로 연단을 받아 선악을 분별하는 자들이니라"(히브리서 5:13-14).

3. 하나님을 사랑하는 마음이 생긴다.

거듭난 신자는 하나님에 대한 사랑이 남다르다. 성경에서는 이것을 "처음 사랑"이라고 한다. 우리는 처음에 지녔던 사랑을 잃고 하나님께 징계를 당하지 않도록 그것을 소중히 간직하고 키워야 한다. 에베소교회는 그들이 처음에 지녔던 사랑을 저버렸기 때문에 책망을 받았다.

"그러나 너를 책망할 것이 있나니 너의 처음 사랑을 버렸느니라 그러므로 어디서 떨어졌는지를 생각하고 회

하나님을 나타내는 이름

영원한 구원의 근원

"온전하게 되셨은즉 자기에게 순종하는 모든 자에게 영원한 구원의 근원이 되시고"_히브리서 5:9

생명의 영

"이는 그리스도 예수 안에 있는 생명의 성령의 법이 죄와 사망의 법에서 너를 해방하였음이라"_로마서 8:2

창조자

"이는 너를 지으신 이가 네 남편이시라 그의 이름은 만군의 여호와이시며 네 구속자는 이스라엘의 거룩한 이시라 그는 온 땅의 하나님이라 일컬음을 받으실 것이라"_이사야 54:5

하나님의 가족이라는 새로운 지위는 우리의 삶에서 의로움의 열매로 나타난다.

"너희는 유혹의 욕심을 따라 썩어져 가는 구습을 따르는 옛 사람을 벗어 버리고 오직 너희의 심령이 새롭게 되어 하나님을 따라 의와 진리의 거룩함으로 지으심을 받은 새 사람을 입으라"_에베소서 4:22-24

개하여 처음 행위를 가지라 만일 그리하지 아니하고 회개하지 아니하면 내가 네게 가서 네 촛대를 그 자리에서 옮기리라"(요한계시록 2:4-5).

"너희가 그가 의로우신 줄을 알면 의를 행하는 자마다 그에게서 난 줄을 알리라"_요한일서 2:29

4. 다른 신자들을 사랑한다.

거듭난 신자는 곧바로 전 세계의 모든 신자로 구성된 대가족의 일원이 된다.

신자들은 모두 영으로 특별하게 하나로 연합되었고 성경은 우리에게 이 관계를 지키고 굳게 다지라고 가르친다. 베드로가 이것을 말했다. "너희가 진리를 순종함으로 너희 영혼을 깨끗하게 하여 거짓이 없이 형제를 사랑하기에 이르렀으니 마음으로 뜨겁게 서로 사랑하라"(베드로전서 1:22).

5. 사람들에게 알리고 싶어한다.

거듭난 신자는 이제 자신은 빛 속에

안정 vs. 걱정

안정은 하나님께서 우리를 결코 떠나시거나 버리시지 않음과 우리가 하나님께 드리는 것은 영원한 보물이 됨을 아는 것이다.

안정은 하나님께서 끊임없이 우리를 돌보신다는 확신 때문에 세상의 염려가 없는 상태이다.

하나님께서는 우리를 불안정하게 창조하셔서 사랑의 관계를 통해 우리의 불안정한 부분을 하나씩 다루신다.

"아무 것도 염려하지 말고 다만 모든 일에 기도와 간구로, 너희 구할 것을 감사함으로 하나님께 아뢰라 그리하면 모든 지각에 뛰어난 하나님의 평강이 그리스도 예수 안에서 너희 마음과 생각을 지키시리라"_빌립보서 4:6-7

살지만 주변 사람들은 영적 어둠 속에 있음을 깨닫는다. 따라서 자신이 새롭게 발견한 믿음을 다른 사람들에게 알려주고 싶은 마음이 자연스럽게 생긴다. 성경도 이것을 권한다. "여호와의 속량을 받은 자들은 이같이 말할지어다 여호와께서 대적의 손에서 그들을 속량하사"(시편 107:2)

거듭난 신자가 열성적으로 복음을 전하면 옛 친구들은 죄책감 때문에 반발하기도 한다. 그러므로 성경은 선행으로 전도하라고 조언한다. 사람들이 우리의 선행을 보면 하나님께 영광을 돌릴 것이다.

성경은 행위가 아니라 믿음으로 은혜를 통해 구원받은 사실을 분명히 한 다음에 믿음의 증인으로서 선행을 실천할 것을 말한다.

"우리는 그가 만드신 바라 그리스도 예수 안에서 선한 일을 위하여 지으심을 받은 자니 이 일은 하나님이 전에 예비하사 우리로 그 가운데서 행하게 하려 하심이니라"(에베소서 2:10).

왜 예수님께서는 구약의 이야기로 거듭남을 설명하셨는가?

예수님께서는 니고데모가 거듭남의 개념을 완전히 혼동하자 니고데모가 이해하기 쉽게 모세의 삶으로 개념을 설명하셨다.

"모세가 광야에서 뱀을 든 것 같이 인자도 들려야 하리니"(요한복음 3:14). 모세의 삶에서 벌어진 이 역사적 사건은 민수기 21장에 전체 이야기가 나온다.

"백성이 호르 산에서 출발하여 홍해 길을 따라 에돔 땅을 우회하려 하였다가 길로 말미암아 백성의 마음이 상하니라 백성이 하나님과 모세를 향하여 원망하되 어찌하여 우리를 애굽에서 인도해 내어 이 광야에서 죽게 하는가 이 곳에는 먹을 것도 없고 물도 없도다 우리 마음이 이 하찮은 음식을 싫어하노라 하매 여호와께서 불뱀들을 백성 중에 보내어 백성을 물게 하시므로 이스라엘 백성 중에 죽은 자가 많은지라 백성이 모세에게 이르러 말하되 우리

하나님께서는 우리 안에 성령을 "불어넣으시어" 하늘의 생명을 주신다.

"또 새 영을 너희 속에 두고 새 마음을 너희에게 주되 너희 육신에서 굳은 마음을 제거하고 부드러운 마음을 줄 것이며 또 내 영을 너희 속에 두어 너희로 내 율례를 행하게 하리니 너희가 내 규례를 지켜 행할지라"_에스겔 36:26-27

하나님이 없는 삶은 황량한 광야와 같다.

"그러므로 형제들아 더욱 힘써 너희 부르심과 택하심을 굳게 하라 너희가 이것을 행한즉 언제든지 실족하지 아니하리라 이같이 하면 우리 주 곧 구주 예수 그리스도의 영원한 나라에 들어감을 넉넉히 너희에게 주시리라"_베드로후서 1:10-11

우리를 하나님께 데려가고 그분 안에 지켜주는 것은 하나님께서 하실 일이다.

"우리 주 예수 그리스도의 아버지 하나님을 찬송하리로다 그의 많으신 긍휼대로 예수 그리스도를 죽은 자 가운데서 부활하게 하심으로 말미암아 우리를 거듭나게 하사……유업을 잇게 하시나니 곧 너희를 위하여 하늘에 간직하신 것이라 너희는 말세에 나타내기로 예비하신 구원을 얻기 위하여 믿음으로 말미암아 하나님의 능력으로 보호하심을 받았느니라"
_베드로전서 1:3-5

가 여호와와 당신을 향하여 원망함으로 범죄하였사오니 여호와께 기도하여 이 뱀들을 우리에게서 떠나게 하소서 모세가 백성을 위하여 기도하매 여호와께서 모세에게 이르시되 불뱀을 만들어 장대 위에 매달아라 물린 자마다 그것을 보면 살리라 모세가 놋뱀을 만들어 장대 위에 다니 뱀에게 물린 자가 놋뱀을 쳐다본즉 모두 살더라"(민수기 21:4-9).

어떻게 믿음이 거듭나게 하는가?

하나님께서 이스라엘 민족에게 장대 위에 달린 뱀을 쳐다보라고 지시하신 대로 따른 사람들이 치료되었듯이 우리는 주 예수 그리스도께서 다 이루신 일을 믿음으로 거듭나게 된다.

이 믿음은 하나님의 말씀을 듣고 순종함에서 비롯된다. (로마서 10:17을 보라.) 믿음은 하나님의 선물이다. "너희는 그 은혜에 의하여 믿음으로 말미암아 구원을 받았으니 이것은 너희에게서 난 것이 아니요 하나님의 선물이라"(에베소서 2:8).

이 명령은 예수 그리스도를 어떻게 나타내는가?

예수님께서는 영원 전부터 영원히 아버지 하나님과 함께 계셨다. 그분은 아버지 하나님에게서 나셨고 육체적 탄생을 통해 세상에 오셨다. 그리고 십자가에서 죽으심으로 "많은 형제 중에서 맏아들"(로마서 8:29)이 되셨다.

예수님께서 겟세마네 동산과 십자가에서 겪으신 고뇌는 산고(産苦)와 같았다. 따라서 많은 사람이 그분의 말씀과 그분께서 보내신 성령에 의해 거듭날 수 있었다.

예수님께서 우리의 세상에 태어나셨으므로 이제 우리는 그분을 믿어 그분의 영원한 세상에 새롭게 태어날 수 있게 되었다.

"육으로 난 것은 육이요 영으로 난 것은 영이니"_요한복음 3:6

삶에 적용하기

땅과 하늘에서 그리스도인의 삶은 우리가 그리스도의 말씀과 성령에 의해 거듭났느냐에 달렸다. 그러므로 거듭나라는 명령은 지극히 중요하다. 사탄은 이것의 의미를 혼동시키기 위해 앞뒤를 가리지 않고 달려들 것이다. 거듭남의 성경적 개념이 명확해지도록 다음 질문에 답한다.

1. "나는 그리스도인이지만 거듭난 그리스도인은 아니다."라고 말하는 사람에게 당신은 뭐라고 말하겠는가?

____

2. 구원을 일으키는 "믿음의 말씀"은 "네가 만일 네 입으로 예수를 주로 시인하며 또 하나님께서 그를 죽은 자 가운데서 살리신 것을 네 마음에 믿으면 구원을 받으리라 사람이 마음으로 믿어 의에 이르고 입으로 시인하여 구원에 이르느니라"(로마서 10:9-10)이다. 당신은 언제 주님께 구원해 달라고 부르짖었는가?

____

3. 아이가 거듭날 수 있는 나이는 몇 살인가?

____

4. 신자는 자신이 실제로 거듭났는지를 어떻게 아는가?

____

5. 하나님의 나라는 무엇인가?

____

6. 신자는 자기가 거듭난 날짜를 기억하지 못하면 어떻게 해야 하는가?

____

7. 우리가 믿음에 의해 거듭난다면 이 믿음 안에서 어떻게 자라는가?

____

8. 거듭남의 증거들은 무엇이고 당신은 그 증거들이 있는가?

____

거듭남을 위한 다짐

- ☐ 내가 죄성을 갖고 태어났음을 인정하겠다.
- ☐ 하나님께 자비를 달라고 부르짖겠다.
- ☐ 내 입으로 예수께서 하나님이시라고 고백하겠다.
- ☐ 아직 한 번도 하나님께 구원해 달라고 부르짖지 않았다면 그렇게 하겠다.
- ☐ 내가 하나님의 자녀가 된 시점을 정하겠다.
- ☐ 나는 스스로의 노력으로 구원받지 않았음을 인정하겠다.
- ☐ 내가 하나님의 자녀인 증거가 내 삶에 있는지를 살피겠다.
- ☐ 하나님의 자녀로서 성장하도록 성경을 공부하겠다.
- ☐ 사람들이 거듭나도록 하나님의 말씀을 나누겠다.
- ☐ 하나님의 자녀로서 거룩한 삶을 살 능력을 달라고 기도하겠다.

메모

나를 따라오라

내가 너희를 사람 낚는 어부로 만들겠다

"말씀하시되 나를 따라오라 내가 너희를 사람을 낚는 어부가 되게 하리라 하시니" -마태복음 4:19

개관

그리스도를 따른다는 것은 우리의 목표와 즐거움을 내려놓고 하나님께서 우리를 창조하신 목적을 적극 수용한다는 뜻이다. 하나님의 창조 목적은 우리가 인격적으로 그리스도를 아는 것과 사람들에게 그리스도의 모든 계명을 가르쳐 그들을 그리스도의 제자로 육성하는 것이다.

탐구 질문:

모세와 바울은 성령을 통해 받은 말씀으로 제자들을 가르쳤는데 왜 예수님께서는 제자들에게 마지막까지 당신과 함께할 것을 요구하셨는가?

예수님께서는 세상의 빛이시다. 우리는 주님을 따르는 동안 그분의 빛으로 밝게 빛난다. 주님께서는 이 빛으로 우리를 사람 낚는 어부로 만드신다. 예수님께서 제자를 부르셨을 때 그들은 밤에 등불을 켜고 물고기를 낚고 있었다. 물고기들이 등불의 빛에 이끌려 몰려들듯이 하나님께서는 사람들이 우리의 삶에서 빛나는 주님의 빛에 매료되어 나아오기를 원하신다.

예수님을 따르라는 부르심의 범위는 무엇인가?

실제로 예수님께서는 당신을 따르도록 세상 모든 사람을 부르신다. 주님께서는 모든 사람을 창조하셨고 세상의 죄를 대신해 피를 흘리셨기 때문이다. (요한일서 2:2을 보라.) 자기를 죄인으로 여기지 않는 사람들은 주의 부르심을 알아채지 못한다. 예수님께서는 의인이 아니라 죄인을 부르러 오셨음을 확실히 밝히셨다. (마태복음 9:13을 보라.)

예수님께서는 또 근심 걱정으로 지치고 고달픈 사람들을 부르신다. "나는 마음이 온유하고 겸손하니 나의 멍에를 메고 내게 배우라 그리하면 너희 마음이 쉼을 얻으리니"(마태복음 11:28).

> "우리는 사람 낚는 어부에서 수족관을 지키는 자로 전락했다."
> —폴 하비

그리스도는 우리의 빛의 참된 근원이다. 오직 그분을 통해서만 우리는 사람들의 마음을 끌 수 있다.

"그 중에 이 세상의 신이 믿지 아니하는 자들의 마음을 혼미하게 하여 그리스도의 영광의 복음의 광채가 비치지 못하게 함이니 그리스도는 하나님의 형상이니라"_고린도후서 4:4

성경의 마지막 말씀도 예수님을 따르라는 초대를 재차 천명한다. "성령과 신부가 말씀하시기를 오라 하시는도다 듣는 자도 오라 할 것이요 목마른 자도 올 것이요 또 원하는 자는 값없이 생명수를 받으라 하시더라"(요한계시록 22:17).

예수님을 따른다는 것은 무슨 뜻인가?

예수님을 따르는 사람은 자신의 애착, 목표, 우선순위를 예수님의 애착, 목표, 우선순위로 교체해야 한다. 예수

우리는 성령으로 충만하여 성령 안에서 살 때 빛의 직행 통로가 된다.

님께서는 젊은 관원과 대화하는 동안 돈을 너무 사랑하는 그의 마음을 꿰뚫으셨다. 그래서 가진 것을 다 팔아 가난한 사람들에게 나눠주라고 말씀하셨다. (마가복음 10:21을 보라.)

예수님께서 베드로와 야고보와 요한을 부르셨을 때 그들의 목표는 뛰어난 어부가 되는 것이었다. 예수님께서는 그들이 가진 고기잡이 지식을 '사람을 낚는' 새로운 목표에 접목하셨다.

예수님의 부르심은 예수님과의 교제나 예수님을 위한 효과적인 삶에 방해되는 모든 요소를 멀리하라는 것이다.

사람을 낚는 일은 그리스도를 따르는 일과 어떤 관련이 있는가?

오늘날 낚시라고 하면 강이나 호수에서 낚시대로 물속에 미끼를 던지는 사람이 흔히 떠오른다. 이것은 예수님께서 제자들을 부르셨을 당시의 고기잡이 방법이 아니다. 그들은 그물로 물고기를 잡았고 오랜 경험으로 밤에 고기가 가장 잘 잡힌다는 사실을 발견했다.

예수님께서 시몬 베드로에게 그물을 반대편에 던지라고 하셨을 때 베드로의 반응에서 이 사실을 알 수 있다. "시몬이 대답하여 이르되 선생님 우리들이 밤이 새도록 수고하였으되 잡은 것이 없지마는 말씀에 의지하여 내가 그물을 내리리이다 하고"(누가복음 5:5).

이 노련한 어부들은 왜 밤새도록 고기잡이를 했을까? 그들에게는 아주 강력하고 효과적인 방법이 있었다. 바로 등불이었다! 물고기는 불빛에 이끌린다. 빛이 밝으면 밝을수록 더 많은 물고기가 몰려든다. 어부들은 물 위에 불빛을 비추고 물고기들이 빛으로 몰려들면 그물을 쳐서 잡았다.

사람을 낚는 데에 이 비유를 어떻게 적용하는가?

예수님께서도 사람들을 이끄실 때 똑같이 이 강력하고 효과적인 방법을 사용하신다. 주님께서는 빛을 사용하신다. 주님께서는 제자들에게 말씀하셨듯이 친히 그 빛이시다. "예수께서 또 말씀하여 이르시되 나는 세상의 빛이니 나를 따르는 자는 어둠에 다니지 아니하고 생명의 빛을 얻으리라"(요한복음 8:12).

예수님께서 지상에 계실 때 많은 사람들이 그분의 삶의 빛에 매료되었다. 그러나 예수님께서는 지상에 계실 시간이 한정되어 있었고 당신께서 세상을 떠나실 때 당신의 빛도 함께 떠날 줄을 아시고 이것을 제자들에게 직접 설명하셨다. "내가 세상에 있는 동안에는 세상의 빛이로라"(요한복음 9:5).

그러므로 예수님께서는 당신을 따르는 사람들을 세상의 빛으로 만드는 것이 당신의 목적이라고 말씀하셨다.

우리의 빛은 무엇인가?

모든 신자의 빛은 우리의 삶을 통해 주 예수 그리스도께서 밝게 드러나는 것이다.

예수님께서는 당신을 따르는 사람들을 세상이 볼 수 있는 밝은 빛들로 변화시키는 것이 당신의 사명임을 아셨다.

바울은 이렇게 말했다. "어두운 데에 빛이 비치라 말씀하셨던 그 하나님께서 예수 그리스도의 얼굴에 있는 하나님의 영광을 아는 빛을 우리 마음에 비추셨느니라 우리가 이 보배를 질그릇에 가졌으니 이는 심히 큰 능력은 하나님께 있고 우리에게 있지 아니함을 알게 하려 함이라"(고린도후서 4:6-7).

빛은 종류가 많고 밝기도 다양하다. 태양은 직사광이고 달은 반사광이다. 하나님께서는 해가 낮을 다스리고 달이 밤을 다스리도록 설정하셨다.

예수님을 따르는 사람이 맨 처음 갖는 빛은 반사광이다. 예수님을 따르는 사람은 그분의 직사광을 받아 곧바로 그 빛의 반사체가 된다.

모세가 시내산에서 하나님의 존전에 있었을 때 모세의 얼굴은 하나님의 영광으로 밝게 빛났다. 모세가 산에서 내려왔을 때 이스라엘 자손들은 "모세의 얼굴의 없어질 영광 때문에도 그 얼굴을 주목하지 못하였다"(고린도후서

물고기를 잡는 일과 사람들을 그리스도께 이끄는 일은 시간과 수고와 개인의 큰 헌신이 요구된다.

"우리가 그를 전파하여 각 사람을 권하고 모든 지혜로 각 사람을 가르침은 각 사람을 그리스도 안에서 완전한 자로 세우려 함이니 이를 위하여 나도 내 속에서 능력으로 역사하시는 이의 역사를 따라 힘을 다하여 수고하노라"
_골로새서 1:28-29

구세주의 부르시는 소리가 들리네

(찬송가 324장)

예수 나를 오라 하네
예수 나를 오라 하네
어디든지 주를 따라
주와 같이 같이 가려네

주가 크신 은혜 내려
나를 항상 돌보시고
크신 영광 보여주며
나와 함께 함께 가시네

후렴:
주의 인도하심 따라
주의 인도하심 따라
어디든지 주를 따라
주와 같이 같이 가려네

_E. W. 블랜디

예수 따라가며

(찬송가 449장)

예수 따라가며 복음 순종하면
우리 행할 길 환하겠네
주를 의지하며 순종하는 자를
주가 늘 함께 하시리라

후렴:
의지하고 순종하는 길은
예수 안에 즐겁고 복된 길이로다

_J. H. 새미스

3:7). 그래서 모세는 자기 얼굴을 수건으로 가렸다. 그러나 모세는 그 빛의 근원과 분리되었기 때문에 빛나는 것이 점점 희미해졌다.

단순히 빛을 반사하는 것은 예수님의 궁극적 목표가 아니다. 예수님께서는 제자들이 직사광이 되어 온 세상에 유익을 끼치기를 바라신다. 따라서 예수님께서는 이렇게 말씀하셨다. “너희는 세상의 빛이라 산 위에 있는 동네가 숨겨지지 못할 것이요 사람이 등불을 켜서 말 아래에 두지 아니하고 등경 위에 두나니 이러므로 집 안 모든 사람에게 비치느니라 이같이 너희 빛이 사람 앞에 비치게 하여 그들로 너희 착한 행실을 보고 하늘에 계신 너희 아버지께 영광을 돌리게 하라”(마태복음 5:14-16).

우리는 이 빛을 감추거나 끄지 말고 모든 사람이 보도록 비춰야 한다. 예수님께서 당신을 따르는 모든 사람에게 주고자 하시는 이 빛은 그들의 마음과 삶 속에 계신 성령의 직사광이다.

왜 낚시질이 아니라 ‘빛으로’ 잡아야 하는가?

예수님을 따르는 사람은 자기 안의 빛이 희미해지면 사람들을 예수님께 이끌 수 없다. 그래서 사람들을 복음으로 이끌기 위해 ‘낚시질’을 이용하기도 한다. 낚시질에는 미끼와 낚싯바늘이 쓰인다. 미끼는 물고기를 유인하고 낚싯바늘은 감춰져 있어서 물고기가 미끼를 물기 전까지는 알아챌 수 없다.

우리가 위와 같은 방법으로 ‘어둠을 사랑하는 사람들’을 하나님의 진리의 빛으로 이끌고자 한다면 대개 분개와 반발로 끝나고 만다. 이 미끼를 문 사람들은 복음을 듣게 하려고 자기를 속였다고 느끼고 이 사실에 분개한다. 이들은 거짓말과 속임수의 어둠 속에서 살기 때문에 화를 낼 만하다. ‘빛의 자녀’인 신자들이 결과만을 위해 어둠의 방법도 마다하지 않을 때 불신자들은 신자들이 무엇을 제안해도 진짜가 아니고 능력도 없다고 판단한다.

흔한 예로 젊은이들에게 복음을 전하기 위해 육감적이고 세속적인 음악에 기독교적인 말씀을 약간 곁들여 관심을 끌어보려는 노력을 들 수 있다. 바울은 “숨은 부끄러움의 일을 버리고 속임으로 행하지 아니하며 하나님의 말씀을 혼잡하게 하지 않았다”고 말했다(고린도후서 4:2). 그는 하나님 말씀의 진리로 각 사람의 양심에 직접 호소했다.

왜 예수님과 엘리야는 제자들에게 끝까지 함께할 것을 요구했는가?

예수님과 엘리야는 제자들에게 능력을 전수했다. 제자들은 물려받은 능력으로 더 큰 일을 할 수 있었다. 엘리

사는 엘리야에게 그의 영을 갑절로 받게 해 달라고 청했다. 엘리야가 대답했다. "네가 어려운 일을 구하는도다 그러나 나를 네게서 데려가시는 것을 네가 보면 그 일이 네게 이루어지려니와 그렇지 아니하면 이루어지지 아니하리라"(열왕기하 2:9). 엘리야의 겉옷은 그의 능력의 상징이었다. 그가 겉옷으로 물을 치자 물이 갈라져 마른 땅을 밟고 강을 건넜다. 엘리야가 회오리바람에 실려 하늘로 올라갔을 때 겉옷이 엘리야에게서 떨어졌다. 엘리사는 그 겉옷을 집어 들고 그것으로 더 큰 능력을 떨쳤다.

예수님께서는 제자들에게 전수하시고 싶은 능력이 있었지만 제자들이 끝까지 함께 당신의 곁에 있지 않으면 이 능력을 얻지 못한다는 사실을 아셨다. 예수님께서는 부활 후에 제자들을 부르시고 그들에게 숨을 불어넣으시며 말씀하셨다. "성령을 받아라"(요한복음 20:22). 후에는 "너희는 위로부터 능력으로 입혀질 때까지 이 성에 머물라"(누가복음 24:49) 하셨고 제자들은 이 말씀대로 했다.

이제 하늘에 계신 예수님을 어떻게 따를 수 있는가?

제자들은 예수님을 따를 때 3년 동안 하루도 빠짐없이 매일 24시간을 예수님과 함께했다. 그들은 예수님께서 어떻게 생각하시는지, 어떻게 질문에 답변하시는지, 어떻게 사시는지, 어떻게 사람들을 위해 자신을 내주시는지를 배웠다.

이제 예수님께서는 하늘에 계신다. 그러나 예수님께서는 우리가 평생 하루도 빠짐없이 매일 24시간을 당신과 함께할 길을 마련하셨다. 무엇보다도 예수님께서는 모든 신자의 삶 속에 계신다. 성경은 말한다. "이 비밀은 너희 안에 계신 그리스도시니 곧 영광의 소망이니라"(골로새서 1:27).

예수님께서는 성령을 보내시어 성령께서 우리 안에 사시면서 우리를 당신의 길로 인도하시도록 치밀하게 예비하셨다. 예수님의 다음 설명에 주목하자. "내가 아버지께 구하겠으니 그가 또 다른 보혜사를 너희에게 주사 영원토록 너희와 함께 있게 하리니 그는 진리의 영이라 세상은 능히 그를 받지 못하나니 이는 그를 보지도 못하고 알지도 못함이라 그러나 너희는 그를 아

사람을 낚는 데가 아니라 예수님을 따르는 데에 집중하면 그리스도의 빛으로 인해 우리는 문제없이 사람들을 이끌 수 있다.

하나님을 나타내는 이름

여호와-로히: 주님은 나의 목자이시다.

"여호와는 나의 목자시니 내게 부족함이 없으리로다"_시편 23:1

"그는 목자 같이 양 떼를 먹이시며 어린 양을 그 팔로 모아 품에 안으시며 젖먹이는 암컷들을 온순히 인도하시리로다"_이사야 40:11

선한 목자

"나는 선한 목자라 선한 목자는 양들을 위하여 목숨을 버리거니와……내 양은 내 음성을 들으며 나는 그들을 알며 그들은 나를 따르느니라"_요한복음 10:11, 27

어부는 아침 일찍 일어나 궂은 날씨를 견디며 물고기를 잡기 위해 오랜 시간을 기다린다. 이것이 바로 예수님께서 당신을 따르는 자들에게 바라시는 마음자세이다

나니 그는 너희와 함께 거하심이요 또 너희 속에 계시겠음이라 내가 너희를 고아와 같이 버려두지 아니하고 너희에게로 오리라"(요한복음 14:16-18). '고아와 같이'로 번역된 헬라어 '오르파노스'는 '아버지나 스승을 잃은 사람'을 뜻한다.

제자들이 예수님과 함께 살며 예수님께서 지시하신 일만 했듯이 우리도 성령의 인도와 능력으로 살아야 한다.

"예수께서 이르시되 여우도 굴이 있고 공중의 새도 거처가 있으되 인자는 머리 둘 곳이 없다 하시더라"
_마태복음 8:20

그러면 우리는 삶에서 승리한다. "내가 이르노니 너희는 성령을 따라 행하라 그리하면 육체의 욕심을 이루지 아니하리라 육체의 소욕은 성령을 거스르고 성령은 육체를 거스르나니 이 둘이 서로 대적함으로 너희가 원하는 것을 하지 못하게 하려 함이니라"(갈라디아서 5:16-17).

성령과 교제하는 사람은 예수님께서 땅에서 직접 이루신 것보다 훨씬 더 많은 일을 성취할 수 있다. "내가 진실로 진실로 너희에게 이르노니 나를 믿는 자는 내가 하는 일을 그도 할 것이요 또한 그보다 큰 일도 하리니 이는 내가 아버지께로 감이라"(요한복음 14:12).

예수님께서는 당신을 따르는 자에게 무엇을 요구하시는가?

예수님을 따르는 일은 결코 작은 결정이 아니다. 이것은 우리의 우선순위를 완전히 재구성하는 일이다. 우리의 일보다 하나님의 나라를 우선시하는 것이다. 우리의 계획보다 주님의 계획을 살피는 것이다. 우리의 오락과 즐거움보다 타인을 이롭게 하는 길을 찾는 것이다. 예수님을 따르는 일은 모든 기대와 조건을 내려놓는 것이다.

주님의 제자가 되려던 두 사람은 이 문제에 대해 충고를 들었다. "한 서기관이 나아와 예수께 아뢰되 선생님이여 어디로 가시든지 저는 따르리이다 예수께서 이르시되 여우도 굴이 있고 공중의 새도 거처가 있으되 인자는 머리 둘 곳이 없다 하시더라 제자 중에 또 한 사람이 이르되 주여 내가 먼저 가서 내 아버지를 장사하게 허락하옵소서 예수께서 이르시되 죽은 자들이 그들의 죽은 자들을 장사하게 하고 너는 나를 따르라 하시니라"(마태복음 8:19-22).

예수님께서는 왜 당신을 따르는 자들에게 교회 설립자보다 사람 낚는 어부가 되라고 하셨는가?

베드로와 사도들이 하나님께 쓰임을 받아 1세기 교회를 선도했지만 예수님께서는 이들을 부르실 때 그 목표를 생각하지 않으셨다. 그 이유는 분명하다. 주님의 제자를 육성하는 일은 그리스도를 따르는 자의 책임이고 주님의 교회를 세우는 일은 주 예수 그리스도의 책임이기 때문이다. 예수님께서는 베드로에게 말씀하셨다. "내가 이 반석 위에 내 교회를 세우리니 음부의 권세가 이기지 못하리라"(마태복음 16:18).

슬프게도 우리는 제자를 육성하는 일보다 교회를 세우는 일에 매진해 왔다. 그 결과 회심자들은 오래 버티지 못하고 교회는 미성숙하거나 미지근하거나 세속적인 신자들의 영향에서 비롯된 분열과 배교를 막지 못했다.

예수님께서는 제자들이 교회를 세우는 데 치중하기 쉬움을 아셨다. 변화산에서 모세와 엘리야가 예수님과 만나자 이를 본 베드로는 경외감에 이렇게 외쳤다. "베드로가 예수께 여쭈어 이르되 주여 우리가 여기 있는 것이 좋사오니 만일 주께서 원하시면 내가 여기서 초막 셋을 짓되 하나는 주님을 위하여, 하나는 모세를 위하여, 하나는 엘리야

예수님을 따르는 것은 그분을 가까이 하여 그분의 눈과 손이 안내하는 바에 주의할 뿐 아니라 성경말씀에서 그분의 방향을 발견하고 성령의 세미한 음성을 듣는 것이다.

"나의 영혼이 주를 가까이 따르니 주의 오른손이 나를 붙드시거니와"
_시편 63:8

온유 vs. 화

온유는 하나님께서 당신의 평안과 능력을 우리를 통해 나타내시도록 우리의 권리를 하나님께 내드리는 것이다.

온유는 나약함이 아니다. 하나님의 통제를 받는 힘이다.

"내가 아무 것도 스스로 할 수 없노라 듣는 대로 심판하노니 나는 나의 뜻대로 하려 하지 않고 나를 보내신 이의 뜻대로 하려 하므로 내 심판은 의로우니라"_요한복음 5:30

온유는 어렵고 무거운 내 삶의 짐을 쉽고 가벼운 그리스도의 멍에와 맞바꾸는 것이다.

"수고하고 무거운 짐 진 자들아 다 내게로 오라 내가 너희를 쉬게 하리라 나는 마음이 온유하고 겸손하니 나의 멍에를 메고 내게 배우라 그리하면 너희 마음이 쉼을 얻으리니 이는 내 멍에는 쉽고 내 짐은 가벼움이라 하시니라"_마태복음 11:28-30

그리스도를 본받아 살기 위해 대가를 치르는 사람이라면 우리의 귀감이 될 만하다.

"내가 그리스도를 본받는 자가 된 것 같이 너희는 나를 본받는 자가 되라"
_고린도전서 11:1

"게으르지 아니하고 믿음과 오래 참음으로 말미암아 약속들을 기업으로 받는 자들을 본받는 자 되게 하려는 것이니라"
_히브리서 6:12

그리스도를 따르려면 우리 모두 사망의 음침한 골짜기를 통과해야 하기 때문에 완전한 신뢰가 필요하다.

를 위하여 하리이다"(마태복음 17:4).

초막 셋은 세 지도자를 상징하는데 이 중에 누가 가장 인기가 많을지도 궁금하지만 누가 인기가 많든 '분파 분위기'를 조성할 뿐이다. 하나님께서는 베드로의 의견을 진압하셨다. "홀연히 빛난 구름이 그들을 덮으며 구름 속에서 소리가 나서 이르시되 이는 내 사랑하는 아들이요 내 기뻐하는 자니 너희는 그의 말을 들으라 하시는지라 제자들이 듣고 엎드려 심히 두려워하니 예수께서 나아와 그들에게 손을 대시며 이르시되 일어나라 두려워하지 말라 하시니 제자들이 눈을 들고 보매 오직 예수 외에는 아무도 보이지 아니하더라"(마태복음 17:5-8).

고린도교회에 분명히 분열의 영이 있었고 바울은 이를 꾸짖었다. "내 형제들아 글로에의 집 편으로 너희에 대한 말이 내게 들리니 곧 너희 가운데 분쟁이 있다는 것이라 내가 이것을 말하거니와 너희가 각각 이르되 나는 바울에게, 나는 아볼로에게, 나는 게바에게, 나는 그리스도에게 속한 자라 한다는 것이니 그리스도께서 어찌 나뉘었느냐 바울이 너희를 위하여 십자가에 못 박혔으며 바울의 이름으로 너희가 세례를 받았느냐"(고린도전서 1:11-13).

바울이 자신의 추종자를 만들지 않으려고 자기가 그리스도께 인도한 사람들에게 세례를 베풀지 않은 점이 중요하다. "나는 그리스보와 가이오 외에는 너희 중 아무에게도 내가 세례를 베풀지 아니한 것을 감사하노니 이는 아무도 나의 이름으로 세례를 받았다 말하지 못하게 하려 함이라"(고린도전서 1:14-15).

사람의 교리가 아니라 그리스도를 따르라.

고린도교회의 문제가 무엇이었는가? 모든 지도자가 주 예수 그리스도를 믿고 주님의 진리를 가르쳤다. 그러나 교사들의 가르침을 들은 사람들은 예수 그리스도의 제자가 아니라 자기 교사의 제자로 행세하기 시작했다.

베드로는 흩어진 유대인 신자들에게 전할 메시지가 있었다. 바울은 이방인 신자들에게 전할 메시지가 있었다. 아볼로는 같은 신자들에게 강력한 진리를 가르쳤다. 그러나 참된 제자라면 자기를 아볼로의 제자라고 말하지 않을 것이다.

하나님께서는 특정한 사람의 가르침을 자랑하는 자들을 책망하시면서 모든 하나님의 사람은 모든 신자의 유익을 위해 있다고 밝히셨다.

삶에 적용하기

예수님께서는 우리가 당신의 명령을 지키면 당신을 드러내시겠다고 약속하셨다. 요한복음 14장 21절에서 '지키다'로 번역된 '테레오'는 '없어지거나 훼손되지 않도록 눈을 떼지 않고 보호하다, 관찰하다'를 뜻한다. 각 명령을 외우고 순종하여 우리의 마음과 삶의 일부가 되게 하는 것이 중요하다. 아래 질문은 이를 돕기 위해 고안되었다. 나를 따르라는 명령과 해설, 온유의 품성을 모임에서 읽고 아래 질문에 답하라. 그리고 자신의 답을 서로 나누라.

1. 저는 주님을 따르기로 작정합니다.

   □ 할 수 있는 동안　　　　　　□ 남은 일평생

2. 제 삶의 새 목적은 '사람 낚는 어부'가 되는 것입니다. 이 목적을 이루기 위해 제 삶 속에서 그리스도의 빛으로 사람들을 이끌겠습니다.

3. 저는 이제 교회를 세우는 일이 아니라 제자를 육성하는 일이 제 일임을 깨달았습니다.

4. 제자를 만들기 위해 제 삶과 우선순위에서 다음과 같은 변화를 꾀하겠습니다.

   ____

   ____

   ____

   ____

5. 이번 주에 실천하기로 계획하는 단계별 행동:

   ____

   ____

   ____

   ____

   ____

그리스도를 따르기 위한 다짐

☐ 그리스도를 따르기 위해 개인의 야망과 목표를 내려놓겠다.

☐ 그리스도를 따르는 사람을 가까운 친구로 선택하겠다.

☐ 이제 그리스도와 그의 나라를 추구하는 데에 헌신한다.

☐ 하나님 앞에서 그분의 말씀을 읽는 데에 시간을 쓰겠다.

☐ 주변 사람들에게 그리스도의 빛이 되기로 결심한다.

☐ 사람들을 그리스도께 인도하고 그들을 제자로 육성할 기회를 만들겠다.

메모

기뻐하라

사람들이 거짓으로 너희를 거슬러 모든 악한 말을 할 때에

"의를 위하여 박해를 받은 자는 복이 있나니 천국이 그들의 것임이라 나로 말미암아 너희를 욕하고 박해하고 거짓으로 너희를 거슬러 모든 악한 말을 할 때에는 너희에게 복이 있나니 기뻐하고 즐거워하라 하늘에서 너희의 상이 큼이라 너희 전에 있던 선지자들도 이같이 박해하였느니라" -마태복음 5:10-12

개관

기뻐한다는 것은 우리의 마음은 여러 시련 때문에 슬프지만 하나님께서 우리의 삶에 그것을 허락하시고 그것을 통해 하실 일로 인해 우리의 영이 즐거워하는 것이다.

기뻐한다는 것은 우리가 하나님과 교제하며 주변 사람들과 화목하게 지내는 한, 하나님께서 우리 삶에 벌어지는 모든 일을 주관하신다는 사실과 우리의 미래 보상이 가로막히는 일이 없도록 하신다는 사실을 확신하는 것이다.

기뻐한다는 것은 하나님께서 우리를 어려움 속으로 이끄실 때는 고난의 일시적 고통보다 훨씬 큰 성품과 성취를 우리에게 보상으로 준비하신다는 사실을 확신하는 것이기도 하다.

탐구 질문:

왜 욥은 "주신 이도 여호와시요 거두신 이도 여호와시오니 여호와의 이름이 찬송을 받으실지니이다"(욥기 1:21)라고 고백하여 사탄의 파괴적인 행동을 하나님께서 하신 일로 보았는가?

이 명령의 중요성

'회개하라'와 '다시 태어나라'는 명령은 어떻게 하나님과 교제를 회복하고 하나님의 나라에 들어갈 자격을 얻는지를 우리에게 알려준다. '나를 따라오라'는 명령은 "사람 낚는 어부"가 되도록 목표와 우선순위를 전면 수정하라고 우리에게 요구한다.

'기뻐하라'는 명령은 우리의 사랑과 하나님의 진리에 사람들의 마음이 끌리도록 우리가 어떻게 밝은 빛이 되는지 그 비밀을 밝힌다.

"많은 인생의 장엄한 부분은 그들이 겪은 엄청난 시련 덕이다."

—찰스 스펄전

박해하고 욕한다는 말은 무슨 뜻인가?

'박해하다'로 번역된 헬라어 '디오코'는 '적대적인 태도로 추적하다'를 뜻한다. 박해하는 사람은 먹이 하나를 지목하고 그것을 죽이는 데에 시간과 주의를 쏟아붓

박해와 모욕을 받으면서 기뻐하는 것은 우리의 적대자를 무력하게 만드는 강력한 방법이다.

우리가 하나님의 나라를 확장하는 데 성공하기 전까지 사탄은 우리를 가만두지 않을 것이다.

"무릇 그리스도 예수 안에서 경건하게 살고자 하는 자는 박해를 받으리라"
_디모데후서 3:12

는 퓨마와 같다. 박해자는 이 목표를 이루기 위해 욕을 사용한다. 여기 '욕하다'는 단어는 '명예를 훼손하다'는 뜻이고 잔인하고 악랄하게 비판하는 것을 말한다.

다윗은 자기를 박해하는 사람들을 이렇게 묘사했다. "부당하게 나의 원수 된 자가 나로 말미암아 기뻐하지 못하게 하시며 까닭 없이 나를 미워하는 자들이 서로 눈짓하지 못하게 하소서……또 그들이 나를 향하여 입을 크게 벌리고 하하 우리가 목격하였다 하나이다"(시편 35:19, 21).

누가 예수님을 따르는 사람을 박해하는가?

예수님께서는 어둠 속에 사는 자들은 자기 행실이 악하므로 빛을 미워한다고 밝히셨다. 따라서 이들은 자기 행실이 드러나 책망을 받을까 봐 세상의 빛인 그리스도인(그리스도를 따르는 사람)을 미워한다.

슬프게도, 그리스도를 따르는 사람을 박해하는 사람은 세상 사람들만이 아니라 신앙 공동체 속에도 있다

예레미야가 진리를 말하고 하나님의 거룩하심과 정의를 외쳤다고 박해한 사람은 다름 아닌 신앙공동체 지도자들이었다.

"예레미야가 여호와께서 명령하신 말씀을 모든 백성에게 전하기를 마치매 제사장들과 선지자들과 모든 백성이 그를 붙잡고 이르되 네가 반드시 죽어야 하리라"(예레미야 26:8).

예수님을 박해하고 욕한 사람도 다름 아닌 신앙 공동체의 관리들이었다. 이들은 예수님의 메시지를 거부하고 그 메시지 속에서 어떻게든 트집 잡을 말만 찾았다. 이들의 궁극적 목표는 예수님을 무너뜨리는 것이었다.

예수님께서 다가올 박해에 대해 제자들을 미리 준비시키셨다는 점이 중요하다. 예수님께서는 제자가 가야 할 길을 숨김없이 공개하셨다. 편안하고 인기 있는 삶이 아니라 시련과 거절의 시험에 대비시키셨다. "내가 너희에게 종이 주인보다 더 크지 못하다 한 말을 기억하라 사람들이 나를 박해하였은즉 너희도 박해할 것이요 내 말을 지켰은즉 너희 말도 지킬 것이라"(요한복음 15:20).

박해를 받고 모욕을 당할 때 왜 기뻐해야 하는가?

박해를 받고 모욕을 당하는 것에 대한 큰 보상이 무엇인지를 깨달으면 기뻐하고 크게 즐거워할 이유가 충분히 생긴다.

그 보상은 우리 삶을 감싸는 그리스도의 능력과 우리를 통해 빛나는 주님의 영광이다. 이것은 주님을 위해 큰 승리를 앞두고 신병 훈련소에 들어가 훈련하고 단련하는 것과 같다.

교회를 박해하기도 하고 큰 박해를 당해 보기도 한 바울은 이 보상을 알았다. "나에게 이르시기를 내 은혜가 네게 족하도다 이는 내 능력이 약한 데서 온전하여짐이라 하신지라 그러므로 도

리어 크게 기뻐함으로 나의 여러 약한 것들에 대하여 자랑하리니 이는 그리스도의 능력이 내게 머물게 하려 함이라 그러므로 내가 그리스도를 위하여 약한 것들과 능욕과 궁핍과 박해와 곤고를 기뻐하노니 이는 내가 약한 그 때에 강함이라"(고린도후서 12:9-10).

베드로도 모욕에 대한 보상을 단언했다. "사랑하는 자들아 너희를 연단하려고 오는 불 시험을 이상한 일 당하는 것 같이 이상히 여기지 말고 오히려 너희가 그리스도의 고난에 참여하는 것으로 즐거워하라 이는 그의 영광을 나타내실 때에 너희로 즐거워하고 기뻐하게 하려 함이라 너희가 그리스도의 이름으로 치욕을 당하면 복 있는 자로다 영광의 영 곧 하나님의 영이 너희 위에 계심이라"(베드로전서 4:12-14).

박해와 모욕의 시험에 어떻게 통과하는가?

우리 삶에서 받는 박해와 모욕을 하나님의 능력으로 전환하기 위해 확실히 밟아야 할 다섯 단계가 있다.

1. 하나님께 감사한다.

성경은 모든 일에 감사하는 것을 최우선으로 삼는다. 바울은 이렇게 말했다. "범사에 감사하라 이것이 그리스도 예수 안에서 너희를 향하신 하나님의 뜻이니라"(데살로니가전서 5:18).

우리가 박해를 비롯해 모든 일에 하나님께 감사하지 못하면 원망과 울분이 쌓이고 낙심한다. 이런 태도에 빠지면 박해자들이 우리를 이기고 우리에게 고난을 허락하신 하나님의 목적을 앗아 간다. 때로는 우리가 투덜대고 불평하고 싶기 때문에 하나님께 감사하려면 의지력이 필요하다.

그러므로 우리는 자신의 감정을 포기하고 하나님께 감사하여 하나님께 순종해야 한다. "그러므로 우리는 예수로 말미암아 항상 찬송의 제사를 하나님께 드리자 이는 그 이름을 증언하는 입술의 열매니라"(히브리서 13:15).

우리에게는 박해와 모욕과 우리를 나쁘게 말하는 사람들에 대해 하나님께 감사 드릴 수 있고 감사해야 하는 명백한 성경적 이유가 있다.

- **모든 일은 하나님의 손에서 비롯된다.**

하나님께서 모든 일을 주관하시는 분이시므로 그분의 허락 없이는 아무 일도 일어나지 않는다. 따라서 욥은 이렇게 말할 수 있었다. "주신 이도 여호와시요 거두신 이도 여호와시오니 여호와의 이름이 찬송을 받으실지니이다 하고"(욥기 1:21). 욥의 소떼와 양떼를 멸하고 종들을 죽이고 열 자녀를 죽인 자는 실제로 사탄이었다. 그러나 사탄은 이 일을 하기 전에 하나님께 허락을 받아야 했다. 사탄이 하나님께 허락을 더 받아 욥을 육체적으로 괴롭히자 욥의 아내조차 욥에게 하나님을 저주하고 죽으라고 했다. 그러자 욥은 대답했다. "우리가 하나님께 복을 받았은즉 화도 받지 아니하겠느냐"(욥기 2:10).

강물 같이 흐르는 기쁨
(찬송가 182장)

강물 같이 흐르는 기쁨
성령 강림함이라
정결한 맘 영원하도록
주의 거처 되겠네

후렴:
주님 주시는 참된 평화가
내 맘 속에 넘치네
주의 말씀에 거센 풍랑도
잠잠하게 되도다

_M. P. 퍼거슨

나의 기쁨 나의 소망
(찬송가 95장)

나의 기쁨 나의 소망 되시며
나의 생명이 되신 주
밤낮 불러서 찬송을 드려도
늘 아쉰 마음뿐일세

나의 진정 사모하는 예수님
음성 조차도 반갑고
나의 생명과 나의 참소망은
오직 주 예수뿐일세

_J. 스웨인

우리가 고난을 만나도 기뻐하고 즐거워하면 사람들은 우리의 소망의 이유를 묻게 된다.

"너희 마음에 그리스도를 주로 삼아 거룩하게 하고 너희 속에 있는 소망에 관한 이유를 묻는 자에게는 대답할 것을 항상 준비하되 온유와 두려움으로 하고"
_베드로전서 3:15

하나님께서는 욥의 반응을 기뻐하셨고 시련이 끝나자 욥이 빼앗긴 소유의 두 배나 돌려주셨다. 욥은 열 자녀를 더 얻고 장수하며 자식과 손자들을 보았다.

사도 바울도 사탄이 악한 일에 관여했지만 하나님께서 궁극적인 통제권을 쥐고 당신의 목적을 위해 사용하신다는 사실을 깨달았다.

바울에게는 육체의 가시가 주어졌다. 바울은 이것을 사탄의 사자라고 했다. 그러나 그가 이것을 없애 달라고 하나님께 세 번 기도하자 하나님께서는 바울의 유익을 위해 허락하신 것이라고 설명하셨다. "여러 계시를 받은 것이 지극히 크므로 너무 자만하지 않게 하시려고 내 육체에 가시 곧 사탄의 사자를 주셨으니 이는 나를 쳐서 너무 자만하지 않게 하려 하심이라 이것이 내게서 떠나가게 하기 위하여 내가 세 번 주께 간구하였더니 나에게 이르시기를 내 은혜가 네게 족하도다 이는 내 능력이 약한 데서 온전하여짐이라 하신지라 그러므로 도리어 크게 기뻐함으로 나의 여러 약한 것들에 대하여 자랑하리니 이는 그리스도의 능력이 내게 머물게 하려 함이라"(고린도후서 12:7-9).

- **모든 일은 우리의 선을 위한다.**

이것은 로마서 8장 28절의 약속이다. "우리가 알거니와 하나님을 사랑하는 자 곧 그의 뜻대로 부르심을 입은 자들에게는 모든 것이 합력하여 선을 이루느니라"

하나님께서는 이점을 재확인하셨다. "여호와의 말씀이니라 너희를 향한 나

기쁨 vs. 자기연민

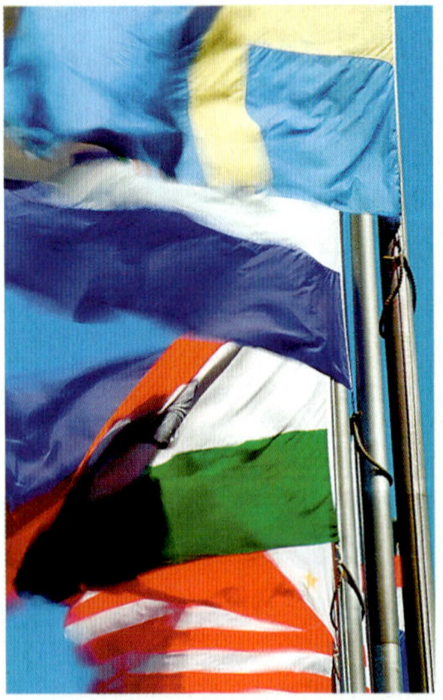

기쁨은 주님과의 온전한 사귐으로 영이 밝아지고 얼굴이 빛나는 것이다.

기쁨은 하나님께서 사람의 마음을 온전히 충족하실 수 있음을 세상에 드러내는 증거이다.

"주의 앞에는 충만한 기쁨이 있고 주의 오른쪽에는 영원한 즐거움이 있나이다"_시편 16:11

기쁨은 시련이 많아질 때 견딜 힘을 주는 핵심 요소이다.

"여호와로 인하여 기뻐하는 것이 너희의 힘이니라"_느헤미야 8:10

의 생각을 내가 아나니 평안이요 재앙이 아니니라 너희에게 미래와 희망을 주는 것이니라"(예레미야 29:11).

하나님께서는 우리 안에서 우리를 통하여 더욱더 놀라운 일을 하시려고 우리 삶에서 박해와 모욕을 사용하신다.

• 모든 일은 성품을 다져준다.

로마서 8장 28절에서 바울은 어떻게 모든 일이 합력하여 선을 이루는지를 설명한다. 하나님께서는 우리가 하나님의 아들, 주 예수 그리스도의 형상을 닮도록 삶의 경험들을 설계하셨다.

이 목적에 따라 우리는 다음 구절에서 놀라운 약속을 받았다. "그런즉 이 일에 대하여 우리가 무슨 말 하리요 만일 하나님이 우리를 위하시면 누가 우리를 대적하리요 자기 아들을 아끼지 아니하시고 우리 모든 사람을 위하여 내주신 이가 어찌 그 아들과 함께 모든 것을 우리에게 주시지 아니하겠느냐"(로마서 8:31-32).

박해와 모욕에 바르게 대응할 때 단련되는 품성은 매우 광범위하지만 모두 하나같이 근본 품성인 참된 사랑을 나타낸다.

2. 기뻐할 이유를 찾는다.

박해와 모욕 때문에 우리의 마음은 슬프지만 우리의 영으로는 기뻐할 수 있다.

그러려면 우리가 겪는 시련을 압도할 큰 유익을 찾아야 한다. 바울은 이 기술을 확실히 배웠기에 이렇게 말했다. "생각하건대 현재의 고난은 장차 우리에게 나타날 영광과 비교할 수 없도다"(로마서 8:18).

이 영광은 베드로가 그리스도의 이름 때문에 모욕을 당하는 자들에게는 영광의 성령께서 머무신다고 밝혔듯이 영원한 영광뿐 아니라 이 세상의 영광도 함께 가리킨다. (베드로전서 4:14).

또 다른 유익은 우리의 죽을 몸으로 그리스도의 능력을 경험하는 것이다. 이 능력은 우리 속에 사랑, 희락, 화평 등의 열매를 만들어내시고 그 열매를 통해 우리 삶에서 놀라운 일을 이루시려는 성령의 능력이다. 바로 이러한 성취를 통해 우리는 영원히 남을 놀라운 보상을 받을 것이다.

3. 관련 레마 말씀을 찾는다.

우리는 시련을 당할 때 하나님의 능력과 역사하심을 믿어야만 "항상 기뻐할" 수 있다(데살로니가전서 5:16). 이 믿음은 성경의 특정 구절을 우리의 생각과 의지와 감정에 접붙여야 생긴다. 이 구절들은 우리의 삶에 적용하라고 성령께서 성경을 통해 우리에게 주시는 특별 메시지인 하나님의 레마가 된다. "그러므로 믿음은 들음에서 나며 들음은 그리스도의 말씀[레마]으로 말미암았느니라"(로마서 10:17).

하나님께서는 박해와 모욕을 당하는 자들에게 중요한 성경구절들을 주신다. 우리는 이 구절들을 외우고 묵상해야 한다. 몇 구절을 예로 든다.

"너를 치려고 제조된 모든 연장이 쓸모가 없을 것이라 일어나 너를 대적하

큰 박해는 하나님께서 우리에게 그것을 견딜 큰 은혜를 주신다는 뜻이다.

"우리가 선을 행하되 낙심하지 말지니 포기하지 아니하면 때가 이르매 거두리라"_갈라디아서 6:9

우리가 주님께 피할 때 두려움은 우리에게서 달아난다.

"하나님은 우리의 피난처시요 힘이시니 환난 중에 만날 큰 도움이시라"_시편 46:1

우리는 감사함으로 모든 염려를 예수님의 발밑에 내려놓을 때만 기뻐할 수 있다.

"아무 것도 염려하지 말고 다만 모든 일에 기도와 간구로, 너희 구할 것을 감사함으로 하나님께 아뢰라"_빌립보서 4:6

여 송사하는 모든 혀는 네게 정죄를 당하리니 이는 여호와의 종들의 기업이요 이는 그들이 내게서 얻은 공의니라 여호와의 말씀이니라"(이사야 54:17).

우리를 대적하는 소리를 어떻게 단죄하는가? 답은 하나님께서 우리에게 하라고 명하신 일을 완수하는 것이다. 이것이 바로 노아가 방주를 짓는 동안 자기를 조롱하고 비웃은 자들을 단죄한 방법이다.

"믿음으로 노아는 아직 보이지 않는 일에 경고하심을 받아 경외함으로 방주를 준비하여 그 집을 구원하였으니 이로 말미암아 세상을 정죄하고 믿음을 따르는 의의 상속자가 되었느니라"(히브리서 11:7)

바울은 자기가 박해자들에게 어떻게 반응했는지를 말한다. "또 수고하여 친히 손으로 일을 하며 모욕을 당한즉 축복하고 박해를 받은즉 참고 비방을 받은즉 권면하니"(고린도전서 4:12-13).

성경은 또 이렇게 권면한다. "우리가 선을 행하되 낙심하지 말지니 포기하지 아니하면 때가 이르매 거두리라"(갈라디아서 6:9).

베드로는 우리를 욕하는 자들을 우리의 선행으로 잠잠하게 할 것을 강조했다. "너희가 이방인 중에서 행실을 선하게 가져 너희를 악행한다고 비방하는 자들로 하여금 너희 선한 일을 보고 오시는 날에 하나님께 영광을 돌리게 하려 함이라"(베드로전서 2:12).

예수님께서도 바로 레마를 통해 광야에서 사탄을 물리치셨다. 예수님께서는 세 가지 시험에서 모두 "기록되었으되"라고 하시며 하늘 아버지께 받은 성경의 레마를 제시하셨다.

박해 중에 레마를 찾는 가장 좋은 방법은 시편을 읽는 것이다. 수많은 박해자에게 보여준 다윗의 지혜로운 반응을 통해 배우라. 몇 가지 예를 살펴보자.

"나를 핍박하는 자들과 나의 대적들이 많으나 나는 주의 증거들에서 떠나지 아니하였나이다"(시편 119:157).

"내 생명을 내 대적에게 맡기지 마소

레마를 얻는 방법

1. 아무런 표시를 하지 않은 성경책을 사용한다.
성령께서 당신을 새로운 구절로 인도하실 것이다.

2. 한 장을 택한다.
성령께서 때에 맞춰 다른 문구로 이끄실 것이다. (디모데후서 3:16-17을 보라.)

3. 하나님께 레마를 달라고 기도한다.
레마가 꼭 필요함을 깨닫는다. (마태복음 4:4을 보라.) 하나님의 말씀에 눈을 열어 달라고 기도한다. (시편 119:18을 보라.)

4. 성령께 마음을 연다.
그리스도를 더 잘 알고 그분의 나라를 확장하는 데 유익한 구절을 찾는다.

5. 확증을 찾는다.
하나님께서 구체적인 방향을 제시하시는 것 같으면 그것을 확증하는 레마를 달라고 하나님께 기도한다. (고린도후서 13:1을 보라.)

6. 기록하고 레마를 마음에 접붙인다.
이 레마는 악한 자의 모든 불화살을 꺼버릴 수 있는 믿음의 방패가 된다. (에베소서 6:16, 로마서 10:17을 보라.)

서 위증자와 악을 토하는 자가 일어나 나를 치려 함이니이다"(시편 27:12).

"하나님이여 대적이 언제까지 비방하겠으며 원수가 주의 이름을 영원히 능욕하리이까"(시편 74:10).

4. 필요할 땐 부르짖는다.

예수님께서는 우리를 박해하고 욕하는 자들이 있겠으나 우리가 기뻐함으로 반응하면 보상이 있을 것이라고 약속하셨다. 그러나 하나님께서 우리 삶에서 하시는 일에 아주 해로운 박해도 있다. 이 경우에 대해 예수님께서는 이렇게 충고하셨다. "이 동네에서 너희를 박해하거든 저 동네로 피하라 내가 진실로 너희에게 이르노니 이스라엘의 모든 동네를 다 다니지 못하여서 인자가 오리라"(마태복음 10:23).

바울이 회심하자마자 회당 지도자들은 성안에서 바울을 박해하며 그를 죽이려고 했다. 바울은 친구들의 도움을 받아 성벽에서 바구니를 타고 내려가 성 밖으로 피신했다. (사도행전 9:25, 고린도후서 11:33을 보라.)

도망칠 수 없는 상황에서 쓸 수 있는 강력한 방법은 부르짖는 것이다. 박해의 목적은 우리의 부족함을 보여주고 하나님께 능력과 구원을 베풀어 달라고 부르짖어야 할 필요를 알려주는 것이기도 하다. 다윗은 자기를 박해하는 자들이 자기보다 강하다는 사실을 인정했다. 그래서 그는 부르짖었다. "나의 부르짖음을 들으소서 나는 심히 비천하니이다 나를 핍박하는 자들에게서 나를 건지소서 그들은 나보다 강하니이다"(시편 142:6).

다윗은 부르짖음의 능력을 확신했다. "내가 아뢰는 날에 내 원수들이 물러가리니 이것으로 하나님이 내 편이심을 내가 아나이다"(시편 56:9).

5. 선으로 악을 이긴다.

박해자를 이기는 궁극적인 승리는 마음을 다해 그리스도의 사랑으로 반응하는 것이다.

그러므로 예수님께서는 이렇게 가르치셨다. "나는 너희에게 이르노니 너희 원수를 사랑하며 너희를 박해하는 자를 위하여 기도하라 이같이 한즉 하늘에 계신 너희 아버지의 아들이 되리니 이는 하나님이 그 해를 악인과 선인에게 비추시며 비를 의로운 자와 불의한 자에게 내려주심이라 너희가 너희를 사랑하는 자를 사랑하면 무슨 상이 있으리요 세리도 이같이 아니하느냐"(마태복음 5:44-46).

하나님을 나타내는 이름

여호와-닛시: 주님은 나의 깃발이시다.

"모세가 제단을 쌓고 그 이름을 여호와 닛시라 하고"_출애굽기 17:15

"너희 하나님 여호와는 너희와 함께 행하시며 너희를 위하여 너희 적군과 싸우시고 구원하실 것이라 할 것이며"_신명기 20:4

예수 그리스도는 우리의 생명이시다.

"내가 온 것은 양으로 생명을 얻게 하고 더 풍성히 얻게 하려는 것이라"_요한복음 10:10

하나님께서는 의로운 자와 불의한 자에게 똑같이 비를 내리시듯이, 사람들이 우리를 어떻게 대하건 상관없이 모든 사람에게 사랑을 쏟아부으라고 명하신다.

미래에 대한 우리의 소망이 얼마나 찬란한지 오늘 겪는 시련의 어두움은 무색해진다.

"우리가 잠시 받는 환난의 경한 것이 지극히 크고 영원한 영광의 중한 것을 우리에게 이루게 함이니" _고린도후서 4:17

당신이 그리스도와 함께 고난을 받을만한 자로 인정되었다는 사실에 기뻐하라.

"자녀이면 또한 상속자 곧 하나님의 상속자요 그리스도와 함께 한 상속자니 우리가 그와 함께 영광을 받기 위하여 고난도 함께 받아야 할 것이니라" _로마서 8:17

사랑은 미움보다 훨씬 강력하기 때문에 우리는 우리를 박해하는 자들을 사랑함으로 그들을 이긴다. 그래서 바울은 말했다. "악에게 지지 말고 선으로 악을 이기라"(로마서 12:21).

이렇게 하면 우리는 보상으로 성령의 능력을 받고 성령께서는 당신의 "사랑과 희락과 화평과 오래 참음과 자비와 양선과 충성과 온유와 절제"의 능력으로 우리를 통해 빛나신다(갈라디아서 5:22-23).

기뻐하라는 명령은 그리스도를 어떻게 드러내는가?

예수 그리스도께서 제자들을 부르신 것은 예수님께서 세상에 오시기 전에 선택하신 고난과 모욕의 길을 제자들에게 따라오라고 명하신 것이다. 예수님께서는 하늘의 화려함과 부유함을 가지고 세상에 들어오실 수 있었다. 그러나 무력한 아기로 오셨다.

예수님께서는 왕궁에서 탄생하실 수 있었으나 오히려 말구유에서 나셨다. 예수님께서는 훌륭한 도시에서 거주하실 수 있었으나 오히려 나사렛에서 사셨다. 사람들은 이렇게 말했다. "나다나엘이 이르되 나사렛에서 무슨 선한 것이 날 수 있느냐 빌립이 이르되 와서 보라 하니라"(요한복음 1:46)

예수님께서는 지위가 높은 아버지 슬하에서 성장하실 수 있었으나 오히려 목수 아버지 밑에서 일하며 생계를 도우셨다.

예수님께서는 명문 학교에서 활동하실 수 있었으나 오히려 이 도시 저 도시를 전전하셨다. 예수님께서는 최소한 집 한 채를 소유하실 수 있었으나 오히려 머리 두실 곳도 없었다.

예수님께서는 수많은 천사를 불러 십자가에서 당신을 구원하게 하실 수 있었으나 오히려 가장 굴욕적이고 고통스러운 죽음을 선택하셨다.

주님께서 이렇게 하신 동기가 무엇이었는가? 그 답이 히브리서 12장 1-4절에 있다.

"이러므로 우리에게 구름 같이 둘러싼 허다한 증인들이 있으니 모든 무거운 것과 얽매이기 쉬운 죄를 벗어 버리고 인내로써 우리 앞에 당한 경주를 하며 믿음의 주요 또 온전하게 하시는 이인 예수를 바라보자 그는 그 앞에 있는 기쁨을 위하여 십자가를 참으사 부끄러움을 개의치 아니하시더니 하나님 보좌 우편에 앉으셨느니라 너희가 피곤하여 낙심하지 않기 위하여 죄인들이 이같이 자기에게 거역한 일을 참으신 이를 생각하라 너희가 죄와 싸우되 아직 피 흘리기까지는 대항하지 아니하고"

삶에 적용하기

이전 명령인 '사람 낚는 어부'가 되라는 명령을 완수하는 능력은 우리 빛의 밝기에 달렸다. 이 밝기의 열쇠는 '기뻐하라'는 이번 명령에서 설명된다. 따라서 모임에서 함께 읽은 내용에 귀를 기울이고 대답과 목표를 잘 생각하는 것이 매우 중요하다. 아래 질문에 쓴 답을 모임에서 나누면 자신의 결심을 다지고 타인의 성장을 격려하게 된다.

1. 내가 하나님의 기준대로 살기로 작정하면 다음과 같은 사람들에게 반발을 살 것을 안다.

____

____

2. 심지어 그리스도인 친구 중에도 나에게 반발하며 다음과 같이 말할 사람이 있을 것이다.

____

____

3. 나는 그리스도의 능력이 내 삶에 임하도록 이런 반발을 기꺼이 환영하겠다. 그러나 이것을 경험하려면 다음과 같을 일을 해야 한다.

① ______________________________

② ______________________________

③ ______________________________

④ ______________________________

⑤ ______________________________

4. 현재의 시련 중 내가 지금 기뻐할 수 있는 것은:

____

____

5. 이번 주에 실천하기로 계획하는 단계별 행동:

____

____

____

고난을 기뻐하기 위한 다짐

☐ 나는 나의 박해자가 누구인지 알고 그들을 위해 매일 기도하겠다.

☐ 내가 억울하게 비난 받도록 허락하신 하나님의 목적을 감사하겠다.

☐ 박해 속에서 기뻐할 이유를 찾겠다.

☐ 힘을 얻기 위해 성경의 특별한 구절(레마)을 찾겠다.

☐ 나는 문제에서 구출해 달라고 하나님께 부르짖고 그 결과를 보고하겠다.

☐ 나는 선으로 악을 이기기로 결심했다.

☐ 나는 모욕을 당해도 그리스도를 기쁘게 따르기로 선택했다.

메모

너희 빛을 비추라

그리하여 사람들이 하늘에 계신 너희 아버지께 영광을 돌리게 하라

"너희는 세상의 빛이라 산 위에 있는 동네가 숨겨지지 못할 것이요 사람이 등불을 켜서 말 아래에 두지 아니하고 등경 위에 두나니 이러므로 집 안 모든 사람에게 비치느니라 이같이 너희 빛이 사람 앞에 비치게 하여 그들로 너희 착한 행실을 보고 하늘에 계신 너희 아버지께 영광을 돌리게 하라" -마태복음 5:14-16

우리의 빛을 비추라는 말은 무슨 뜻인가?

박해와 모욕과 비난의 시험에 통과하고 나면 우리의 삶은 사람들이 알아볼 정도로 밝아지게 된다.

하나님께서는 우리가 좋은 말보다 착한 행실로 이 빛을 비추기를 원하신다. 착한 행실은 타인의 기본 필요를 채워주어 그 사람의 권위자가 칭찬을 받게 하는 것이다.

우리가 이렇게 착한 행실을 계속하면 사람들은 우리에게서 사심 없는 참된 사랑을 볼 것이다. 사람들이 우리의 착한 행실(빛)에 매료되면 그들은 우리에게 "너희 속에 있는 소망에 관한 이유"(베드로전서 3:15)를 물으며 복음의 말씀에 더 깊이 매력을 느끼고 잘 응할 것이다.

탐구 질문:

"하나님은 빛이시라 그에게는 어둠이 조금도 없으시므로"(요한일서 1:5) 하나님께서는 당신의 목적을 이루시기 위해 어떻게 어둠을 사용하시는가?

왜 하나님께서는 어둠을 창조하셨는가?

어둠은 창조에서 처음에 확인할 수 있는 요소이다. "태초에 하나님이 천지를 창조하시니라 땅이 혼돈하고 공허하며 흑암이 깊음 위에 있고 하나님의 영은 수면 위에 운행하시니라"(창세기 1:1-2).

하나님께서는 빛을 창조하신 후에야 비로소 어둠을 분리하셨다. "하나님이 이르시되 빛이 있으라 하시니 빛이 있었고 빛이 하나님이 보시기에 좋았더라 하나님이 빛과 어둠을 나누사"(창세기 1:3-4).

"베푼 것은 싹 잊으라. 받은 것은 꼭 기억하라." —무명

하나님께서는 빛의 자녀들에게 어둠 속에 있는 사람들과 대조적인 삶을 살면서 그들과 접촉하라고 명하신다

성경 전반에 걸쳐 하나님께서는 당신의 목적을 위해 어둠과 빛을 모두 창조하시고 사용하신다. 하나님께서 더 큰 영광을 얻기 위해 어둠을 사용하신 사례를 살펴보자.

- **어둠은 경외심을 불러일으킨다-** "백성은 멀리 서 있고 모세는 하나님이 계신 흑암으로 가까이 가니라"(출애굽기 20:21).
- **어둠은 어둠을 창조하신 하나님의 능력을 드러낸다-** "여호와께서 모세에게 이르시되 하늘을 향하여 네 손을 내밀어 애굽 땅 위에 흑암이 있게 하라 곧 더듬을 만한 흑암이리라 모세가 하늘을 향하여 손을 내밀매 캄캄한 흑암이 삼 일 동안 애굽 온 땅에 있어서"(출애굽기 10:21-22).
- **어둠은 하나님의 보호 형식이다-** "이스라엘 진 앞에 가던 하나님의 사자가 그들의 뒤로 옮겨 가매 구름 기둥도 앞에서 그 뒤로 옮겨 애굽 진과 이스라엘 진 사이에 이르러 서니 저쪽에는 구름과 흑암이 있고 이쪽에는 밤이 밝으므로 밤새도록 저쪽이 이쪽에 가까이 못하였더라"(출애굽기 14:19-20).
- **어둠은 하나님의 숨겨진 것들을 찾고 싶게 만든다-** "어두운 가운데에서 은밀한 것을 드러내시며 죽음의 그늘을 광명한 데로 나오게 하시며"(욥기 12:22). "네게 흑암 중의 보화와 은밀한 곳에 숨은 재물을 주어 네 이름을 부르는 자가 나 여호와 이스라엘의 하나님인 줄을 네가 알게 하리라"(이사야 45:3).
- **어둠은 악인을 혼란에 빠뜨린다-** "악인의 길은 어둠 같아서 그가 걸려 넘어져도 그것이 무엇인지 깨닫지 못

하나님을 나타내는 이름

주님께서는 우리의 빛이며 영광이시다.

"여호와께서 그들 앞에서 가시며 낮에는 구름 기둥으로 그들의 길을 인도하시고 밤에는 불 기둥을 그들에게 비추사 낮이나 밤이나 진행하게 하시니"_출애굽기 13:21

"다시는 낮에 해가 네 빛이 되지 아니하며 달도 네게 빛을 비추지 않을 것이요 오직 여호와가 네게 영원한 빛이 되며 네 하나님이 네 영광이 되리니"_이사야 60:19

예수 그리스도는 세상의 빛이시다.

"예수께서 또 말씀하여 이르시되 나는 세상의 빛이니 나를 따르는 자는 어둠에 다니지 아니하고 생명의 빛을 얻으리라"
_요한복음 8:12

"참 빛 곧 세상에 와서 각 사람에게 비추는 빛이 있었나니"
_요한복음 1:9

하느니라"(잠언 4:19).

• **어둠은 징벌에 쓰인다-** "자기의 아비나 어미를 저주하는 자는 그의 등불이 흑암 중에 꺼짐을 당하리라"(잠언 20:20).

"임금이 사환들에게 말하되 그 손발을 묶어 바깥 어두운 데에 내던지라 거기서 슬피 울며 이를 갈게 되리라 하니라"(마태복음 22:13).

역설적이게도 악한 사람들은 어둠 덕분에 악행이 쉬워지고 형벌을 피한다고 여긴다. 이들은 하나님께서 어둠과 빛을 창조하시고 당신의 영광을 위해 이 둘을 사용하신다는 점을 깨닫지 못한다. "나는 빛도 짓고 어둠도 창조하며 나는 평안도 짓고 환난도 창조하나니 나는 여호와라 이 모든 일들을 행하는 자니라 하였노라"(이사야 45:7).

• **악인은 어둠을 악용한다-** "악한 자의 길과 패역을 말하는 자에게서 건져내리라 이 무리는 정직한 길을 떠나 어두운 길로 행하며"(잠언 2:12-13).

"악을 선하다 하며 선을 악하다 하며 흑암으로 광명을 삼으며 광명으로 흑암을 삼으며 쓴 것으로 단 것을 삼으며 단 것으로 쓴 것을 삼는 자들은 화 있을진저"(이사야 5:20).

"자기의 계획을 여호와께 깊이 숨기려 하는 자들은 화 있을진저 그들의 일을 어두운 데에서 행하며 이르기를 누가 우리를 보랴 누가 우리를 알랴 하니"(이사야 29:15).

"그 정죄는 이것이니 곧 빛이 세상에 왔으되 사람들이 자기 행위가 악하므로 빛보다 어둠을 더 사랑한 것이니라 악을 행하는 자마다 빛을 미워하여 빛으로 오지 아니하나니 이는 그 행위가 드러날까 함이요 진리를 따르는 자는 빛으로 오나니 이는 그 행위가 하나님 안에서 행한 것임을 나타내려 함이라 하시니라"(요한복음 3:19-21).

빛의 자녀가 어둠의 자녀와 다르지 않으면 가장 강력한 증언을 못하고 만다.

하나님께서는 어떻게 빛을 지으시는가?

창세기에서는 이렇게 말한다. "땅이 혼돈하고 공허하며 흑암이 깊음 위에 있고 하나님의 영은 수면 위에 운행하시니라 하나님이 이르시되 빛이 있으라 하시니 빛이 있었고 빛이 하나님이 보시기에 좋았더라 하나님이 빛과 어둠을 나누사"(창세기 1:2-4).

고린도후서 4장 6절에서 바울은 이렇게 말한다. "어두운 데에 빛이 비

"주께서 나의 등불을 켜심이여 여호와 내 하나님이 내 흑암을 밝히시리이다"
_시편 18:28

후함 vs. 인색함

후함은 하나님께서 우리에게 맡기신 자원을 지혜롭게 재투자하여 하나님의 본성을 나타내는 것이다.

후함은 수확법칙을 따른다. 많이 뿌릴수록 많이 거둔다.

"이것이 곧 적게 심는 자는 적게 거두고 많이 심는 자는 많이 거둔다 하는 말이로다"_고린도후서 9:6

후함의 정도는 남에게 얼마나 많이 주느냐가 아니라 얼마나 많이 남겨 놓았느냐에 달렸다.

후함은 우리의 자원이 아니라 하나님의 부유하심에 시선을 집중한 결과이다.

"이는 삼림의 짐승들과 뭇 산의 가축이 다 내 것이며"_시편 50:10

우리의 빛은 모든 사람에게 보이도록 드러내지 않으면 무용지물이다.

"우리로 하여금 빛 가운데서 성도의 기업의 부분을 얻기에 합당하게 하신 아버지께 감사하게 하시기를 원하노라 그가 우리를 흑암의 권세에서 건져내사 그의 사랑의 아들의 나라로 옮기셨으니"_골로새서 1:12-13

치라 말씀하셨던 그 하나님께서 예수 그리스도의 얼굴에 있는 하나님의 영광을 아는 빛을 우리 마음에 비추셨느니라".

하나님 아버지께서 빛과 생명을 주시려고 세상의 창조자인 당신의 아들을 보내셨다. "만물이 그로 말미암아 지은 바 되었으니 지은 것이 하나도 그가 없이는 된 것이 없느니라 그 안에 생명이 있었으니 이 생명은 사람들의 빛이라 빛이 어둠에 비치되 어둠이 깨닫지 못하더라"(요한복음 1:3-5).

예수님께서도 이렇게 말씀하셨다. "예수께서 또 말씀하여 이르시되 나는 세상의 빛이니 나를 따르는 자는 어둠에 다니지 아니하고 생명의 빛을 얻으리라"(요한복음 8:12).

예수님을 따르는 자들은 실제로 그분의 빛을 반사하기 때문에 빛의 자녀라고 불린다. 그래서 예수님께서는 제자들에게 이렇게 말씀하셨다. "너희는 세상의 빛이라"(마태복음 5:14).

이사야 45장 7절에서 '짓다'로 번역된 히브리어 '야차르'는 '쥐어짜서 모양을 만들다'는 개념으로 '토기장이가 형태를 빚다'는 뜻이다.

빛이 되는 과정은 하나님께서 우리를 진흙처럼 빚으시게 허락하는 것이다. "그러나 여호와여, 이제 주는 우리 아버지시니이다 우리는 진흙이요 주는 토기장이시니 우리는 다 주의 손으로 지으신 것이니이다"(이사야 64:8). 하나님의 목적은 우리의 삶에서 어둠을 제거하시고 우리를 당신의 아들의 형상으로 만드시는 것이다. (로마서 8:29을 보라.)

바울은 이 개념으로 1세기 신자들에게 어둠의 행실을 버리고 빛으로 살라고 호소했다. "우리는 그가 만드신 바라 그리스도 예수 안에서 선한 일을 위하여 지으심을 받은 자니 이 일은 하나님이 전에 예비하사 우리로 그 가운데서 행하게 하려 하심이니라……너희가 전에는 어둠이더니 이제는 주 안에서 빛이라 빛의 자녀들처럼 행하라"(에베소서 2:10, 5:8).

하나님께서는 우리의 빛을 어떻게 쓰시는가?

유사 이래 하나님께서는 당신의 영광을 찬송할 빛의 사람들을 당신을 위해 구별해 놓으셨다. 베드로는 예수님을 따르는 자들을 이렇게 묘사했다. "너희는 택하신 족속이요 왕 같은 제사장들이요 거룩한 나라요 그의 소유가 된 백성이니 이는 너희를 어두운 데서 불러 내어 그의 기이한 빛에 들어가게 하신 이의 아름다운 덕을 선포하게 하려 하심이라"(베드로전서 2:9).

빛의 자녀의 독특함은 빛으로 사는 사람뿐 아니라 어둠 속에 사는 사람 모두에게 사랑을 베푸는 열성에 있다. 예수님께서는 "우리를 대신하여 자신을 주심은 모든 불법에서 우리를 속량하시고 우리를 깨끗하게 하사 선한 일을 열심히 하는 자기(의 유일한) 백성이 되게 하려 하심이라"(디도서 2:14).

궁극적인 선행은 사람들을 의로움으로 돌아오게 하는 것이다.

"지혜 있는 자는 궁창의 빛과 같이 빛날 것이요 많은 사람을 옳은 데로 돌아오게 한 자는 별과 같이 영원토록 빛나리라"_다니엘 12:3

하나님께서는 시종일관 선하시므로 선행은 당연히 하나님 자녀의 본성이다.

"여호와의 인자하심과 인생에게 행하신 기적으로 말미암아 그를 찬송할지로다"_시편 107:8

"하나님을 알되 하나님을 영화롭게도 아니하며 감사하지도 아니하고 오히려 그 생각이 허망하여지며 미련한 마음이 어두워졌나니" _로마서 1:21

바로 빛의 자녀들의 착한 행실로 예수님의 이 명령이 완수된다. "이같이 너희 빛이 사람 앞에 비치게 하여 그들로 너희 착한 행실을 보고 하늘에 계신 너희 아버지께 영광을 돌리게 하라"(마태복음 5:16).

바울은 이 명령을 다음과 같이 강조한다. "기회 있는 대로 모든 이에게 착한 일을 하되 더욱 믿음의 가정들에게 할지니라"(갈라디아서 6:10).

감사하는 마음은 하나님의 영광을 반사하고, 불평하는 마음은 세상의 암울을 전달한다.

"모든 일을 원망과 시비가 없이 하라 이는 너희가 흠이 없고 순전하여 어그러지고 거스르는 세대 가운데서 하나님의 흠 없는 자녀로 세상에서 그들 가운데 빛들로 나타내며" _빌립보서 2:14-15

만일 우리가 어둠 속에서 산다면 어떠하는가?

예수님께서는 이렇게 경고하셨다. "눈이 나쁘면 온 몸이 어두울 것이니 그러므로 네게 있는 빛이 어두우면 그 어둠이 얼마나 더하겠느냐"(마태복음 6:23).

바울은 1세기 교회들에게 어떤 신자가 어둠 속에 살면서 회개하기를 거부하면 그가 회개할 때까지 교제를 끊으라고 했다.

"이제 내가 너희에게 쓴 것은 만일 어떤 형제라 일컫는 자가 음행하거나 탐욕을 부리거나 우상 숭배를 하거나 모욕하거나 술 취하거나 속여 빼앗거든 사귀지도 말고 그런 자와는 함께 먹지도 말라 함이라"(고린도전서 5:11).

우리의 빛을 밝게 하는 열 가지 방법

빛들은 밝기가 서로 다르다. 별들도 그렇고 신자들도 밝기가 서로 다르다. 우리의 빛이 밝으면 밝을수록 더 멀리 나가서 주님께 끌리는 사람이 많아진다.

1. 모든 어둠을 멀리한다.

모든 사람은 양심의 빛을 받고 태어난다. 이 빛은 모든 사람의 마음에 기록된 하나님의 법에 호응한다. 따라서 세례 요한은 예수님을 이렇게 묘사했다. "참 빛 곧 세상에 와서 각 사람에게 비추는 빛이 있었나니"(요한복음 1:9).

그러나 우리는 하나님의 율법을 어긴 것과 자기 뜻대로 하는 불법과 아담에게 물려받은 원죄를 회개하기 전에는 본래 어둠의 자식이다. 회개는 어둠에서 나와 그리스도의 놀라운 빛 안으로 들어가는 것이다. 그래서 우리는 다윗처럼 말할 수 있다. "여호와는 나의 빛이요 나의 구원이시니 내가 누구를 두려워하리요"(시편 27:1).

예수님께서 회심한 바울에게 주신 임무는 이방인들의 "눈을 뜨게 하여 어둠에서 빛으로, 사탄의 권세에서 하나님께로 돌아오게 하고 죄 사함과 나를 믿어 거룩하게 된 무리 가운데서 기업을 얻게 하는 것"이었다(사도행전 26:18).

2. 모든 것을 빛에 드러낸다.

어떤 죄라도 숨기면 우리 삶에서 빛은 약해진다. "정직한 자들에게는 흑암 중에 빛이 일어나나니"(시편 112:4). 따라서 하나님께서는 우리의 모든 생각과 말과 행동이 그리스도의 빛에 드러나기를 원하신다. 그리스도께서는 "어둠에 감추인 것들을 드러내고 마음의 뜻을 나타내시리니 그 때에 각 사람에게 하나님으로부터 칭찬이 있으리라"(고린도전서 4:5).

3. 예수님을 바라본다.

모르고 지은 죄와 고의로 지은 죄를 모두 우리의 마음에서 깨끗이 씻어내면 우리는 기도할 때 주님을 바라보며 주님과 친밀한 교제를 만끽할 수 있다. 예수님께서 기도하실 때 하늘 아버지를 바라보신 것이 중요하다.

다윗은 주님 얼굴의 빛이 우리 위에 있다고 자주 말했다. "여호와여 주의 얼굴을 들어 우리에게 비추소서"(시편 4:6). "즐겁게 소리칠 줄 아는 백성은 복이 있나니 여호와여 그들이 주의 얼굴 빛 안에서 다니리로다"(시편 89:15).

4. 내게 상처를 준 사람들을 모두 용서한다.

우리에게 상처를 준 사람들에게 원망과 미움을 품는 것만큼 심한 어둠을 낳는 것은 없다. 사도 요한은 자기에게 상처 준 사람들을 용서하지 않는 사람들을 암울하게 묘사했다. "빛 가운데 있다 하면서 그 형제를 미워하는 자는 지금까지 어둠에 있는 자요……그의 형제를 미워하는 자는 어둠에 있고 또 어둠에 행하며 갈 곳을 알지 못하나니 이는 그 어둠이 그의 눈을 멀게 하였음이라"(요한일서 2:9, 11).

사람들이 우리를 빛의 자녀로 알면 그들은 우리의 선행에 대해 우리 안의 그리스도께 감사할 수 있다.

"이 말이 미쁘도다 원하건대 너는 이 여러 것에 대하여 굳세게 말하라 이는 하나님을 믿는 자들로 하여금 조심하여 선한 일을 힘쓰게 하려 함이라 이것은 아름다우며 사람들에게 유익하니라"_디도서 3:8

빛의 사자들

(찬송가 502장)

빛의 사자들이여 어서 가서
어둠을 물리치고
주의 진리 모르는 백성에게
복음의 빛 비춰라

선한 사역 위하여 힘을 내라
주 함께하시겠내
주의 크신 사랑을 전파하며
복음의 빛 비춰라

후렴:
빛의 사자들이여
복음의 빛 비춰라
죄로 어둔밤 밝게 비춰라
빛의 사자들이여

_J. E. 루이스

시온의 영광

(찬송가 550장)

시온의 영광이 빛나는 아침
어둡던 이 땅이 밝아오네
슬픔과 애통이 기쁨이 되니
시온의 영광이 비쳐오네

보아라 광야에 화초가 피고
말랐던 시냇물 흘러오네
이 산과 저 산이 마주쳐 울려
주 예수 은총을 찬송하네

_T. 해스팅즈

5. 하나님의 말씀을 접붙인다.

성경을 읽고 핵심 구절들을 외움으로 우리는 하나님 말씀의 빛을 우리의 삶에 들인다. 다윗은 이렇게 증언했다. "주의 말씀은 내 발에 등이요 내 길에 빛이니이다……주의 말씀을 열면 빛이 비치어 우둔한 사람들을 깨닫게 하나이다"(시편 119:105, 130).

6. 빛의 갑옷을 입는다.

"밤이 깊고 낮이 가까웠으니 그러므로 우리가 어둠의 일을 벗고 빛의 갑옷을 입자"(로마서 13:12).

바울은 어둠에서 보호하는 실제적인 방법들을 덧붙였다. "낮에와 같이 단정히 행하고 방탕하거나 술 취하지 말며 음란하거나 호색하지 말며 다투거나 시기하지 말고 오직 주 예수 그리스도로 옷 입고 정욕을 위하여 육신의 일을 도모하지 말라"(로마서 13:13-14).

7. 금식할 시간을 정한다.

"내가 기뻐하는 금식은 흉악의 결박을 풀어 주며 멍에의 줄을 끌러 주며 압제 당하는 자를 자유하게 하며 모든 멍에를 꺾는 것이 아니겠느냐 또 주린 자에게 네 양식을 나누어 주며 유리하는 빈민을 집에 들이며 헐벗은 자를 보면 입히며 또 네 골육을 피하여 스스로 숨지 아니하는 것이 아니겠느냐 그리하면 네 빛이 새벽 같이 비칠 것이며 네 치유가 급속할 것이며 네 공의가 네 앞에 행하고 여호와의 영광이 네 뒤에 호위하리니"(이사야 58:6-8).

8. 관대한 눈을 갖는다.

"눈은 몸의 등불이니 그러므로 네 눈이 성하면 온 몸이 밝을 것이요 눈이 나쁘면 온 몸이 어두울 것이니 그러므로 네게 있는 빛이 어두우면 그 어둠이 얼마나 더하겠느냐"(마태복음 6:22-23).

성경에서 악한 눈은 인색한 눈을 일컫는다. 예를 들면, "악한 눈이 있는 자는 재물을 얻기에만 급하고 빈궁이 자기에게로 임할 줄은 알지 못하느니라"(잠언 28:22). 신명기 15장 9절에서도 악한 눈은 인색함을 가리킨다.

눈이 성하다는 말은 '후하다'는 뜻이기도 하다. '후한 눈'을 가지면 온 몸이 빛으로 가득하다. 그 까닭은 후함은 하나님의 중요한 품성이기도 하고 우리가 하나님과 그분의 빛을 나타내려면 우리에게 후한 마음이 꼭 있어야 한다.

9. 선행으로 사랑을 베푼다.

"그의 형제를 사랑하는 자는 빛 가운데 거하여 자기 속에 거리낌이 없으나"(요한일서 2:10). 사랑은 실제 행위로 나타난다. "누가 이 세상의 재물을 가지고 형제의 궁핍함을 보고도 도와 줄 마음을 닫으면 하나님의 사랑이 어찌 그 속에 거하겠느냐"(요한일서 3:17).

이러한 선행에는 그 보상으로 빛이 더욱 강해진다. "주린 자에게 네 심정이 동하며 괴로워하는 자의 심정을 만족하게 하면 네 빛이 흑암 중에서 떠올라 네 어둠이 낮과 같이 될 것이며"(이사야 58:10).

10. 다른 신자들과 모인다.

"그가 빛 가운데 계신 것 같이 우리도 빛 가운데 행하면 우리가 서로 사귐이 있고 그 아들 예수의 피가 우리를 모든 죄에서 깨끗하게 하실 것이요"(요한일서 1:7). 우리는 우리의 빛이 약해지지 않도록 서로 권면해야 한다.

왜 교회는 어둠 속에서 사는 신자들과 교제를 피해야 하는가?

교회는 그리스도의 빛으로서 세상에서 생기가 넘치고 밝게 빛나는 증인이 되어야 한다. 그리스도의 몸의 지체인 신자들에게서 빛이 나와야 사람들은 마음이 끌려 그들의 제자가 되려고 할 것이다.

그러나 교회에 빛과 어둠이 혼재하면 주님을 위한 간증이 퇴색된다. 그리스도의 몸인 교회가 죄를 처리하지 않으면 온 몸이 상한다. "적은 누룩이 온 덩이에 퍼지느니라"(갈라디아서 5:9).

이렇게 되면 얼마 지나지 않아 교회와 세상의 차이가 없어지고 세상 사람들은 교회의 위선 때문에 교회를 경멸하기 시작한다. 사람들은 빛의 교제에 참여하면서 어둠 속에서 사는 자를 위선자로 본다. "악인[위선자]은 입으로 그의 이웃을 망하게 한다"(잠언 11:9).

신자들이 세상적 활동과 방법으로 사람들을 그리스도의 빛으로 이끌려고 하는 경우가 너무 많다. 이런 방법들의 배후에 숨겨진 거짓 추정을 분별하지 못하고 그 부작용을 용납한다. 신자들은 숨은 보물인 하나님의 길과 빛을 찾는 데에 시간을 들이지 않으면 하나님의 나라를 위한 간증과 수고의 효과가 약해진다는 사실을 깨달아야 한다.

"우리가 그에게서 듣고 너희에게 전하는 소식은 이것이니 곧 하나님은 빛이시라 그에게는 어둠이 조금도 없으시다는 것이니라 만일 우리가 하나님과 사귐이 있다 하고 어둠에 행하면 거짓말을 하고 진리를 행하지 아니함이거니와 그가 빛 가운데 계신 것 같이 우리도 빛 가운데 행하면 우리가 서로 사귐이 있고 그 아들 예수의 피가 우리

"의인의 길은 돋는 햇살 같아서 크게 빛나 한낮의 광명에 이르거니와"
_잠언 4:18

우리가 선행을 베풀면 사람들은 하나님을 쳐다보고 그분의 영광을 본다.

"너희가 이방인 중에서 행실을 선하게 가져……너희 선한 일을 보고 오시는 날에 하나님께 영광을 돌리게 하려 함이라"_베드로전서 2:12

우리의 빛은 매우 작아 보여도 사람들은 우리의 겉으로 드러나는 행동 이면에 숨은 하나님의 큰 빛을 본다.

"여호와의 눈은 온 땅을 두루 감찰하사 전심으로 자기에게 향하는 자들을 위하여 능력을 베푸시나니"
_역대하 16:9

를 모든 죄에서 깨끗하게 하실 것이요"(요한일서 1:5-7).

빛을 비추라는 명령은 예수님을 어떻게 드러내는가?

하나님께서는 땅에 있는 영적 어둠을 보시고 성령의 운행을 통해 당신의 아들을 세상의 빛으로 보내셨다. 하나님께서 이렇게 말씀하셨다. "이는 내 사랑하는 아들이요 내 기뻐하는 자니 너희는 그의 말을 들으라"(마태복음 17:5).

예수님의 사명은 빛의 자녀인 신자들이 예수님의 형상을 닮고 그분의 능력에 힘입어 사람들을 그분의 빛으로 이끌어 하나님께 영광을 돌리게 하는 것이다.

"하나님이 세상을 이처럼 사랑하사 독생자를 주셨으니 이는 그를 믿는 자마다 멸망하지 않고 영생을 얻게 하려 하심이라 하나님이 그 아들을 세상에 보내신 것은 세상을 심판하려 하심이 아니요 그로 말미암아 세상이 구원을 받게 하려 하심이라 그를 믿는 자는 심판을 받지 아니하는 것이요 믿지 아니하는 자는 하나님의 독생자의 이름을 믿지 아니하므로 벌써 심판을 받은 것이니라 그 정죄는 이것이니 곧 빛이 세상에 왔으되 사람들이 자기 행위가 악하므로 빛보다 어둠을 더 사랑한 것이니라 악을 행하는 자마다 빛을 미워하여 빛으로 오지 아니하나니 이는 그 행위가 드러날까 함이요 진리를 따르는 자는 빛으로 오나니 이는 그 행위가 하나님 안에서 행한 것임을 나타내려 함이라 하시니라"(요한복음 3:16-21).

삶에 적용하기

방에서 어둠을 몰아내는 가장 확실한 방법은 빛을 들이는 것이고, 그리스도의 빛을 드러내는 가장 확실한 방법은 하나님께서 영광을 받으시는 방법으로 거룩한 일을 하는 것이다. 우리는 선행에 힘쓸 때 그리스도께서 우리를 대속하신 중대한 목적을 이룬다. 그러므로 본뜻을 상고하고 부지런히 실천하기를 권면한다.

1. 나는 선행을 바르게 하면 사람들이 하나님께 영광을 돌리게 된다는 사실을 단언할 수 있다. 그 까닭은 과거에 내가 받은 누군가의 선행 때문이고 그 선행은 다음과 같다.

____

____

____

2. 우리는 정부, 교회, 회사, 지역사회의 지도자 등 우리의 권위자들을 위해 기도하라는 명령을 받았기 때문에 나는 다음 세 지도자들을 위해 기도하기로 작정한다.

____

____

____

3. 내가 권위자들을 위해 할 수 있는 선행은 어떤 것이 있겠는가?

____

____

____

4. 내 목표는 이 세 지도자들을 위해 더 효과적으로 기도하는 방법을 배우는 것이다. 그러므로 이번 주에 이 지도자들에게 기도 제목을 알려 달라고 부탁하겠다.

____

____

____

우리의 빛을 비추기 위한 다짐

☐ 나는 좋은 말로만이 아니라 선행으로 내 빛을 비추겠다.

☐ 나는 다른 사람의 필요를 채우는 선행을 하겠다. 따라서 그 사람의 필요를 알아보고 그 사람이 그 필요를 채우고 싶지만 시간이나 돈이나 기력이나 기술이 없어서 못 채우는지를 파악하겠다.

☐ 나는 다른 사람의 가난이나 무능을 지적하지 않고 다른 사람을 공경하는 선행을 하겠다. 나는 이웃에게 이렇게 말하겠다. "선생님은 저희에게 귀한 좋은 이웃이기에 저희 가족이 댁의 차를 세차해 드리고 싶습니다." 경찰관에게는 이렇게 말하겠다. "경관님은 저희 생명을 안전하게 지켜주시는 귀하신 분이시기에 이 선물을 드리고 싶습니다." "하나님께서 저희에게 말씀하신 대로 경관님을 공경하는 뜻에서 하나님께서 경관님과 가족들에게 복을 주시길 기도합니다."

☐ 나는 사람들을 그리스도께 이끌기 위해 세상 방법을 쓰지 않겠다.

메모

하나님의 율법을 존중하라

율법이 전부 완성되기 전에는 하나도 없어지지 않으리라

"내가 율법이나 선지자를 폐하러 온 줄로 생각하지 말라 폐하러 온 것이 아니요 완전하게 하려 함이라 진실로 너희에게 이르노니 천지가 없어지기 전에는 율법의 일점일획도 결코 없어지지 아니하고 다 이루리라"
-마태복음 5:17-18

하나님 나라의 율법

나라는 세 가지 근본 요소가 있다. 왕과 왕의 법과 그 법을 따르는 백성이다.

하나님 나라의 법은 구약성경에서 제정되고 신약성경에서 해설된다. 율법은 얼마나 오래 유지되는가?

탐구 질문:

율법은 아무도 구원하지 못하는데 왜 '믿음의 조상'인 아브라함은 부자에게 그의 형제들이 모세와 선지자의 말을 듣지 않으면 지옥에서 구원받지 못한다고 말했는가? (갈라디아서 2:16, 누가복음 16:31을 보라.)

왜 아브라함은 부자에게 그의 형제들이 구원받으려면 모세의 율법에 따라야 한다고 했는가?

예수님께서는 나사로와 부자라는 중요한 이야기를 통해 모세의 율법과 선지서의 중요한 위치를 밝히셨다. 부자는 죽자 지옥의 고통을 당했다. 그는 멀리 아브라함의 품에 그 거지가 안겨 있는 것을 보고 외쳤다. "아버지 아브라함이여 나를 긍휼히 여기사 나사로를 보내어 그 손가락 끝에 물을 찍어 내 혀를 서늘하게 하소서 내가 이 불꽃 가운데서 괴로워하나이다"(누가복음 16:24).

아브라함이 그의 요청을 들어줄 수 없는 이유를 밝히자 부자는 다른 간청을 드렸다. "그러면 아버지여 구하노니 나사로를 내 아버지의 집에 보내소서 내 형제 다섯이 있으니 그들에게 증언하게 하여 그들로 이 고통 받는 곳에 오지 않게 하소서 아브라함이 이르되 그들에게 모세와 선지자들이 있으니 그들에게 들을지니라 이르되 그렇지 아니하니이다 아버지 아브라함이여 만일 죽은 자에게서 그들에게 가는 자가 있으면 회개하리이다 이르되 모세와 선지자들에게 듣지 아니하면 비록 죽은 자 가운데서 살아나는 자가 있을지라도 권함을 받지 아니하리라 하였다 하시니라"(누가복음 16:27-31).

어째서 모세와 선지자들을 거부한 사람은 "비록 죽은 자 가운데서 살아나는 자

"모든 약속을 절대적으로 믿고, 모든 명령을 망설임 없이 순종하고, 하나님의 모든 뜻 안에서 완전하게 서 있을 태세만이 성경 공부의 참된 정신이다."

—앤드류 머레이

율법은 사랑을 전하는 가장 위대한 담론이다.

아버지가 자녀에게 정해주는 경계선이 아버지의 사랑을 나타내듯 하나님의 율법은 하나님의 사랑을 나타낸다.

"내가 주께 범죄하지 아니하려 하여 주의 말씀을 내 마음에 두었나이다"
_시편 119:11

가 있을지라도 권함을 받지 아니하리라"(누가복음 16:31) 했는가? 답은 구약성경은 모두 그리스도의 대속에 대한 내용이기 때문이다. 예수님께서는 바리새인들에게 이것을 강조하셨다. "너희가 성경에서 영생을 얻는 줄 생각하고 성경을 연구하거니와 이 성경이 곧 내게 대하여 증언하는 것이니라"(요한복음 5:39).

율법과 선지서의 모든 면은 그리스도의 인격과 행위를 아주 정교하게 묘사한다.

율법의 행위와 율법의 말씀의 중대한 차이

성경은 아무도 율법의 행위로 구원받을 수 없다고 아주 명확하게 밝힌다. 그 까닭은 우리가 거룩하신 하나님께서 요구하시는 대로 완벽하게 율법을 지킬 수 없기 때문이다.

"사람이 의롭게 되는 것은 율법의 행위로 말미암음이 아니요 오직 예수 그리스도를 믿음으로 말미암는 줄 알므로 우리도 그리스도 예수를 믿나니 이는 우리가 율법의 행위로써가 아니고 그리스도를 믿음으로써 의롭다 함을 얻으려 함이라 율법의 행위로써는 의롭다 함을 얻을 육체가 없느니라"(갈라디아서 2:16).

따라서 우리는 하나님의 나라가 어떻게 운영되고 우리가 그 나라에 어떻게 관계해야 하는지를 깨닫기 위해 신약성경의 진리에 비추어 이 말씀을 봐야 한다.

예수님께서는 부활 후에 제자들에게 이렇게 말씀하셨다. "내가 너희와 함께 있을 때에 너희에게 말한 바 곧 모세의 율법과 선지자의 글과 시편에 나를 가리켜 기록된 모든 것이 이루어져야 하리라 한 말이 이것이라"(누가복음 24:44).

율법의 행위에 집중하면 낙심하거나 아니면 거짓 교만에 빠진다. 그러나 율법과 선지서의 말씀에 집중하면 주 예수 그리스도의 모습이 정교하게 드러난다. 따라서 예수님께서는 이렇게 말씀하셨다. "모세를 믿었더라면 또 나를 믿었으리니 이는 그가 내게 대하여 기록하였음이라 그러나 그의 글도 믿지 아니하거든 어찌 내 말을 믿겠느냐"(요한복음 5:46-47).

율법과 선지서가 그리스도를 어떻게 드러내는가?

구약성경에는 그리스도를 비유로 나타낸 내용이 무궁무진하고 신약성경에서 많이 인용된다.

예를 들어, 예수님을 둘째 아담이라고 부른다. "아담 안에서 모든 사람이 죽은 것 같이 그리스도 안에서 모든 사람이 삶을 얻으리라……기록된 바 첫 사람 아담은 생령이 되었다 함과 같이 마지막 아담은 살려 주는 영이 되었나니"(고린도전서 15:22, 45).

아브라함이 외아들 이삭을 제물로 바친 모습은 하나님께서 세상의 죄를 대신해 독생자를 제물로 내주신 것을 정교하게 나타낸다. 아브라함의 제단 위치도 예수님의 십자가 위치라는 추측이 지배적이다.

모세는 율법의 상징이고 여러 족속을 애굽의 속박에서 벗어나게는 했어도 그들을 광야에서 벗어나게 하지는 못했다. 여호수아가 이 백성을 약속된 땅으로 인도하여 모세의 일을 끝마쳤고, 이것이 예수님을 정교하게 묘사한 구약성경의 사례다.

신약성경의 가르침은 구약성경의 증언에서 직접 인용된 경우가 많다. 바울은 이렇게 썼다. "형제들아 나는 너희가 알지 못하기를 원하지 아니하노니 우리 조상들이 다 구름 아래에 있고 바다 가운데로 지나며 모세에게 속하여 다 구름과 바다에서 세례를 받고 다 같은 신령한 음식을 먹으며 다 같은 신령한 음료를 마셨으니 이는 그들을 따르는 신령한 반석으로부터 마셨으매 그 반석은 곧 그리스도시라 그러나 그들의 다수를 하나님이 기뻐하지 아니하셨으므로 그들이 광야에서 멸망을 받

모세에게 주어진 계명은 예수님의 가르침으로 완성되었다. 율법은 우리의 죄를 드러내고 그리스도께서는 우리를 죄에서 구원하신다.

사랑 vs. 이기심

사랑은 다른 사람의 기본 필요를 채워줌으로 그들의 권위자가 칭찬을 받고, 하나님께서 영광을 받으시며, 우리는 영원한 상급의 기쁨을 얻는 것이다.

참된 사랑은 이득을 바라지 않고 주는 것이다.

사랑만이 유일하게 세상이 알아보는 제자의 증표이다.

"너희가 서로 사랑하면 이로써 모든 사람이 너희가 내 제자인 줄 알리라"

_요한복음 13:35

율법은 우리를 그리스도께 데려다주는 초등교사이다. 우리는 교육이 끝났다고 교육받은 내용을 버리지 않는다. 오히려 그것을 평생 사용한다.

았느니라 이러한 일은 우리의 본보기가 되어 우리로 하여금 그들이 악을 즐겨 한 것 같이 즐겨 하는 자가 되지 않게 하려 함이니 그들 가운데 어떤 사람들과 같이 너희는 우상 숭배하는 자가 되지 말라 기록된 바 백성이 앉아서 먹고 마시며 일어나서 뛰논다 함과 같으니라"(고린도전서 10:1-7).

왜 우리는 하나님의 율법을 존중해야 하는가?

하나님의 율법은 그리스도의 인격과 행위를 드러내는 것 외에도 모든 신자의 삶에서 수행되도록 의도된 중대한 기능이 있다.

우리가 하나님을 먼저 찾고 타인의 필요를 충족하는 데에 집중하면 율법 전체를 지키는 길로 인도된다.

"사랑은 이웃에게 악을 행하지 아니하나니 그러므로 사랑은 율법의 완성이니라"_로마서 13:10

"온 율법은 네 이웃 사랑하기를 네 자신 같이 하라 하신 한 말씀에서 이루어졌나니"_갈라디아서 5:14

1. 율법은 어떻게 사랑해야 하는지를 설명한다.

예수님의 메시지는 하나님과 사람을 어떻게 사랑하는지에 대한 내용이 전부다. 율법사가 예수님께 물었다. "선생님 율법 중에서 어느 계명이 크니이까 예수께서 이르시되 네 마음을 다하고 목숨을 다하고 뜻을 다하여 주 너의 하나님을 사랑하라 하셨으니 이것이 크고 첫째 되는 계명이요 둘째도 그와 같으니 네 이웃을 네 자신 같이 사랑하라 하셨으니"(마태복음 22:36-39).

이때 예수님께서는 구약 율법과 선지서에 대한 놀라운 선언을 하셨다. "이 두 계명이 온 율법과 선지자의 강령이니라"(마태복음 22:40). 이 말은 모든 율법과 선지서가 유일한 사랑이신 예수님을 가리키므로 타당하다.

예수님의 말씀은 하나님을 어떻게 사랑하고 사람을 어떻게 사랑하는지를 알려면 율법과 선지서를 공부해야 어떻게 사랑해야 하는지에 대한 통찰력과 원리를 깨닫게 된다는 뜻이다.

율법은 사례 연구가 많아서 율법이 직접 언급하지 않는 상황에도 적용할 수 있다.

바울은 신자들에게 영적 지도자들을 재정적으로 적절히 후원하라고 권면하면서 율법의 사례를 어떻게 적용하는지를 잘 보여주었다. "내가 사람의 예대로 이것을 말하느냐 율법도 이것을 말하지 아니하느냐 모세의 율법에 곡식을 밟아 떠는 소에게 망을 씌우지 말라 기록하였으니 하나님께서 어찌 소들을 위하여 염려하심이냐 오로지 우리를 위하여 말씀하심이 아니냐 과연 우리를 위하여 기록된 것이니 밭 가는 자는 소망을 가지고 갈며 곡식 떠는 자는 함께 얻을 소망을 가지고 떠는 것이라 우리가 너희에게 신령한 것을 뿌렸은즉 너희의 육적인 것을 거두기로 과하다 하겠느냐"(고린도전서 9:8-11).

바울은 이 교훈을 재차 언급하면서 구약 율법을 적용한 점에 그 권위를 두었다. "잘 다스리는 장로들은 배나 존경할 자로 알되 말씀과 가르침에 수고하는 이들에게는 더욱 그리할 것이니라 성경에 일렀으되 곡식을 밟아 떠는 소의 입에 망을 씌우지 말라 하였고 또 일꾼이 그 삯을 받는 것은 마땅하다 하였느니라"(디모데전서 5:17-18).

2. 율법은 하나님의 지혜를 알려준다.

하나님께서 이스라엘을 나라로 세우시고 법과 규례를 주셨다. 만일 이스라엘이 이것을 지키면 그들은 어느 나라보다 지혜롭고 건강하고 부유한 나라가 될 수 있었다.

하나님께서 그들에게 말씀하셨다. "너희는 지켜 행하라 이것이 여러 민족 앞에서 너희의 지혜요 너희의 지식이라 그들이 이 모든 규례를 듣고 이르기를 이 큰 나라 사람은 과연 지혜와 지식이 있는 백성이로다 하리라 우리 하나님 여호와께서 우리가 그에게 기도할 때마다 우리에게 가까이 하심과 같이 그 신이 가까이 함을 얻은 큰 나라가 어디 있느냐 오늘 내가 너희에게 선포하는 이 율법과 같이 그 규례와 법도가 공의로운 큰 나라가 어디 있느냐 오직 너는 스스로 삼가며 네 마음을 힘써 지키라 그리하여 네가 눈으로 본 그 일을 잊어버리지 말라 네가 생존하는 날 동안에 그 일들이 네 마음에서 떠나지 않도록 조심하라 너는 그 일들을 네 아들들과 네 손자들에게 알게 하라"(신명기 4:6-9).

다윗은 이렇게 증언했다. "주의 계명들이 항상 나와 함께 하므로 그것들이 나를 원수보다 지혜롭게 하나이다 내가 주의 증거들을 늘 읊조리므로 나의 명철함이 나의 모든 스승보다 나으며 주의 법도들을 지키므로 나의 명철함이 노인보다 나으니이다"(시편 119:98-100).

율법의 기능 중 하나는 하나님께 거룩한 경외심을 갖도록 하는 것이다. 따라서 "여호와를 경외함이 지혜의 근본이라 그의 계명을 지키는 자는 다 훌륭한 지각을 가진 자이니"(시편 111:10).

성경은 하나님께서 당신 백성을 어떻게 다루시는지를 증언한다. "여호와의 율법은 완전하여 영혼을 소성시키며 여호와의 증거[증언]는 확실하여 우둔한 자를 지혜롭게 하며"(시편 19:7).

3. 율법은 우리를 그리스도께 인도한다.

바울은 구약 율법을 초등교사로 정의한다. "이같이 율법이 우리를 그리스도께로 인도하는 초등교사가 되어 우

약속의 말씀 의지하여
(찬송가 546장)

주님 약속하신 말씀 위에서
세상 염려 내게 엄습할 때에
용감하게 힘써 싸워 이기며
약속 믿고 굳게 서리라

주님 약속하신 말씀 위에서
영원하신 주의 사랑 힘입고
성령으로 힘써 싸워 이기며
약속 믿고 굳게 서리라

후렴:
굳게 서리
영원하신 말씀 위에 굳게 서리
굳게 서리
그 말씀 위에 굳게 서리라

_R. 켈소 카터

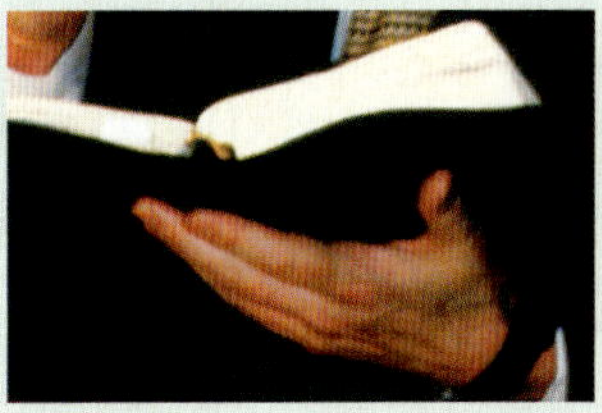

구세주의 크신 사랑
(찬송가 216장)

주님의 십자가 나도 지고
신실한 믿음과 마음으로
형제의 사랑과 친절한 위로를
뉘게나 베풀게 하옵소서

_실바니우스 D. 펠프스

율법의 목적은 우리의 자유를 제한하는 것이 아니라 방향을 제시하고 잘못을 바로잡아 우리의 성공을 보장하는 것이다.

"모든 성경은 하나님의 감동으로 된 것으로 교훈과 책망과 바르게 함과 의로 교육하기에 유익하니 이는 하나님의 사람으로 온전하게 하며 모든 선한 일을 행할 능력을 갖추게 하려 함이라"_디모데후서 3:16-17

리로 하여금 믿음으로 말미암아 의롭다 함을 얻게 하려 함이라"(갈라디아서 3:24).

'초등교사'로 번역된 헬라어 '파이다고고스'는 유복한 가정의 아들들을 학교에 데려다주는 믿음직한 노예를 가리킨다. 이 아이들이 어른이 되면 파이다고고스의 후견을 받을 필요가 없지만 지금껏 받아 온 훈련을 유지해야 했다.

우리의 경우에 율법은 엄격한 기준으로 우리의 죄상(罪狀)을드러내고 우리가 '대(大)스승'에게 훈련을 받아야 한다는 사실을 확증한다. 이 '대(大)스승'이 바로 예수님이시다. 율법에서 믿음으로 갈아타면 율법의 기준이 약화되는 것이 아니라 오히려 그 기준을 지킬 수 있는 그리스도의 능력이 우리에게 주어진다.

바울이 로마서 8장에서 이렇게 설명한다. "율법이 육신으로 말미암아 연약하여 할 수 없는 그것을 하나님은 하시나니 곧 죄로 말미암아 자기 아들을 죄 있는 육신의 모양으로 보내어 육신에 죄를 정하사 육신을 따르지 않고 그 영을 따라 행하는 우리에게 율법의 요구가 이루어지게 하려 하심이니라"(로마서 8:3-4).

바울은 우리가 법 아래에 있지 아니하고 은혜 아래에 있다고 말하면서 이제 하나님의 거룩한 기준대로 살 수 있는 하나님의 능력이 우리에게 주어졌다고 강조한다.(로마서 6:11-15을 보라.)

4. 율법은 죄를 규정한다.

죄를 깨닫지 못하면 가책도 회개도 없다. 이런 까닭에 사탄은 수단과 방법을 가리지 않고 하나님의 율법을 깎아내리고 계명을 보지 못하게 사람들의 눈을 가린다.

바울은 이점을 명백히 밝혔다. "그런즉 우리가 무슨 말을 하리요 율법이 죄냐 그럴 수 없느니라 율법으로 말미암지 않고는 내가 죄를 알지 못하였으니 곧 율법이 탐내지 말라 하지 아니하였더라면 내가 탐심을 알지 못하였으리라"(로마서 7:7). "죄가 율법 있기 전에도 세상에 있었으나 율법이 없었을 때에는 죄를 죄로 여기지 아니하였느니라"(로마서 5:13). "율법으로는 죄를 깨달음이니라"(로마서 3:20).

5. 율법은 형통을 가져온다.

하나님의 율법을 존중해야 할 중요한 이유는 율법이 참된 성공의 열쇠이기 때문이기도 하다. 하나님께서는 이제 막 약속된 땅을 정복하려는 여호수아에게 말씀하셨다. "이 율법책을 네 입에서 떠나지 말게 하며 주야로 그것을 묵상하여 그 안에 기록된 대로 다 지켜 행하라 그리하면 네 길이 평탄하게 될 것이며 네가 형통하리라"(여호수아 1:8).

다윗은 시편을 시작하면서 율법을 칭송했다. "복 있는 사람은 악인들의 꾀를 따르지 아니하며 죄인들의 길에 서지 아니하며 오만한 자들의 자리에 앉지 아니하고 오직 여호와의 율법을 즐거워하여 그의 율법을 주야로 묵상하는도다 그는 시냇가에 심은 나무가 철을 따라 열매를 맺으며 그 잎사귀가 마르지 아니함 같으니 그가 하는 모든 일이 다 형통하리로다"(시편 1:1-3).

세 왕들의 법이 어떻게 삼위 하나님의 법을 예시하는가?

다니엘 시대에 다리오 왕에게 총애와 영전을 받은 다니엘을 시기한 관원들은 악한 법을 만들어 왕께 윤허를 받았다. 다리오 왕은 이 법을 윤허한 일이 잘못임을 뒤늦게 깨닫고 이를 취소하려고 종일 힘썼지만 이를 모사한 자들의 반응은 냉담했다. "그 무리들이 또 모여 왕에게로 나아와서 왕께 말하되 왕이여 메대와 바사의 규례를 아시거니와 왕께서 세우신 금령과 법도는 고치지 못할 것이니이다 하니"(다니엘 6:15).

에스더 시대에도 이처럼 법을 되돌릴 수 없는 똑같은 상황이 있었다. 하만은 유대인을 증오한 나머지 아하수에로 왕의 광대한 영토 전역에서 유대인을 학살하려고 계략을 꾸몄다. 아하수에로왕은 하만을 믿고 하만의 계획을 법으로 윤허했다.

아하수에로왕은 뒤에 이 법의 해악을 깨닫고 고치려고 했다. 하지만 나중에 그가 모르드개와 에스더 왕비에게 설명했듯이 왕의 이름으로 작성되고 왕의 인장 반지로 봉인된 법은 취소할 수 없었다. 모르드개는 하만의 계략을 수행하려는 자들에게서 유대인을 지켜낼 방안을 생각해냈다.

절대 권력을 쥐었지만 자기가 작성하고 서명한 법을 고칠 수 없는 세상 통치자를 상상해 보라!

세월이 흘러 헤로디아의 딸이 헤롯 왕 앞에서 춤을 추자 헤롯 왕은 그녀에게 무엇이든 청하는 대로 주겠다고 맹세했다. 뜻밖에도 그녀는 세례 요한의 목을 달라고 청했다. 헤롯 왕은 세례 요한을 존경했기 때문에 마음이 괴로웠다. 그러나 "자기가 맹세한 것과 그 함께 앉은 사람들 때문에 주라"고 명했다(마태복음 14:9).

얄궂게도 요한은 헤롯 왕이 동생의 아내와 결혼한 것은 하나님의 율법에 어긋난다고 선포한 대가로 투옥되었다. 헤롯 왕은 하나님의 율법을 얼마든지 어기면서도 자신의 맹세를 깨지 않았다.

이런 세상 왕들도 자기 법을 고칠 수 없는 것이 사실이라면 만왕의 왕께서

현명한 지도자라면 누구나 하나님의 율법을 일상의 '동반자'로 삼을 것이다.

"[왕은] 이 율법서의 등사본을……책에 기록하여 평생에 자기 옆에 두고 읽어 그의 하나님 여호와 경외하기를 배우며 이 율법의 모든 말과 이 규례를 지켜 행할 것이라"
_신명기 17:18-19

하나님을 나타내는 이름

하나님은 우리의 입법자이시다.

"대저 여호와는 우리 재판장이시요 여호와는 우리에게 율법을 세우신 이요 여호와는 우리의 왕이시니 그가 우리를 구원하실 것임이라"_이사야 33:22

예수 그리스도께서는 하나님의 말씀이시다.

"태초에 말씀이 계시니라 이 말씀이 하나님과 함께 계셨으니 이 말씀은 곧 하나님이시니라"_요한복음 1:1

하나님의 율법의 각 조항은 전체 율법의 관점에서 생각해야 한다.

"의와 공의가 주의 보좌의 기초라 인자함과 진실함이 주 앞에 있나이다"
_시편 89:14

"풀은 마르고 꽃은 떨어지되 오직 주의 말씀은 세세토록 있도다"
_베드로전서 1:24-25

만드신 법은 얼마나 더 위대하겠는가? 하나님의 율법은 고칠 수 없다. 예수님께서 이렇게 말씀하셨다. "그러므로 누구든지 이 계명 중의 지극히 작은 것 하나라도 버리고 또 그같이 사람을 가르치는 자는 천국에서 지극히 작다 일컬음을 받을 것이요 누구든지 이를 행하며 가르치는 자는 천국에서 크다 일컬음을 받으리라"(마태복음 5:19).

하나님의 율법에서는 간음한 사람을 돌로 쳐 죽이라고 했는데 어째서 간음으로 붙잡힌 여인을 정죄하지 않으셨는가?

예수님 시대에 종교지도자들에게는 재판을 열어 정의를 수행할 법적 권위가 있었다. 따라서 그들은 간음한 여인을 예수님께 데려와 예수님을 이 소송에 끌어들였다. 그들은 이렇게 말했다. "선생이여 이 여자가 간음하다가 현장에서 잡혔나이다 모세는 율법에 이러한 여자를 돌로 치라 명하였거니와 선생은 어떻게 말하겠나이까 그들이 이렇게 말함은 고발할 조건을 얻고자 하여 예수를 시험함이러라 예수께서 몸을 굽히사 손가락으로 땅에 쓰시니 그들이 묻기를 마지 아니하는지라 이에 일어나 이르시되 너희 중에 죄 없는 자가 먼저 돌로 치라 하시고 다시 몸을 굽혀 손가락으로 땅에 쓰시니 그들이 이 말씀을 듣고 양심에 가책을 느껴 어른으로 시작하여 젊은이까지 하나씩 하나씩 나가고 오직 예수와 그 가운데 섰는 여자만 남았더라 예수께서 일어나사 여자 외에 아무도 없는 것을 보시고 이르시되 여자여 너를 고발하던 그들이 어디 있느냐 너를 정죄한 자가 없느냐 대답하되 주여 없나이다 예수께서 이르시되 나도 너를 정죄하지 아니하노니 가서 다시는 죄를 범하지 말라 하시니라"(요한복음 8:4-11).

이 사건은 예수님께서 간음을 간과하신 사례가 아니라 오히려 신명기 17장 6절 말씀대로 모세의 율법을 철저히 준수하신 사례이다. "죽일 자를 두 사람이나 세 사람의 증언으로 죽일 것이요 한 사람의 증언으로는 죽이지 말 것이며"(신명기 17:6).

하나님의 율법은 언제 없어지는가?

율법은 예수님께서 오시기 전까지만 효력이 있고 예수님께서 오신 후부터는 불필요해서 폐지된 줄로 아는 사람이 많다.

마태와 누가의 증언에 따르면 "율법과 선지자는 요한의 때까지요 그 후부터는 하나님 나라의 복음이 전파되어 사람마다 그리로 침입하느니라"(누가복음 16:16). 예수님께서는 여기서 멈춰서 율법이 세례 요한 이후부터는 폐지된 것처럼 끝내시지 않고 다음 구절에서 율법의 영구성을 확증하신다. "그러나 율법의 한 획이 떨어짐보다 천지가 없어짐이 쉬우리라"(누가복음 16:17).

이 말은 그리스도께서 땅에 계신 동안 모세의 율법을 사랑의 법으로 변환

하고 선지서의 말씀을 그리스도의 모습으로 변형하는 나라를 세우셨다는 뜻이다.

예수님께서 율법을 완성하러 오셨다는 말은 예수님께서 율법의 지시를 다 수행하고 나서 율법을 폐기하러 오신 것이 아니라 율법을 예수님에 대한 새로운 의미로 가득 채우려고 오셨다는 뜻이다. 사실 율법에는 아직도 완성되지 않는 일들이 많다. 종말에 대한 다니엘의 예언도 아직 성취되지 않았고, 하나님께서 다시는 땅을 홍수로 멸하지 않으시리라고 약속하신 노아의 언약과, 다윗의 후손이 영원히 보좌에 앉으리라 약속하신 다윗의 언약처럼 아직도 유효한 언약이 많다.

그리스도께서는 율법의 참된 의미를 밝히심으로 어떻게 율법을 존중하셨는가?

예수님께서 당신의 백성에게 오셨을 당시에 사람들은 모세 율법의 대부분을 오해하고 오용했다. 이들은 자기에게 유리하게 율법을 이용하거나 율법을 피해 갔다. 비근한 수법으로 늙으신 부모를 공양하지 않으려고 자기 소유를 하나님께 바치겠다고 맹세했다.

예수님께서는 '고르반'이라고 하는 이 전통을 책망하셨다. "하나님이 이르셨으되 네 부모를 공경하라 하시고 또 아버지나 어머니를 비방하는 자는 반드시 죽임을 당하리라 하셨거늘 너희는 이르되 누구든지 아버지에게나 어머니에게 말하기를 내가 드려 유익하게 할 것이 하나님께 드림이 되었다고 하기만 하면 그 부모를 공경할 것이 없다 하여 너희의 전통으로 하나님의 말씀을 폐하는도다"(마태복음 15:4-6). 모세의 율법이 너무 엄격하다고 생각되는 사람은 예수님께서 정의하신 율법의 참된 의미를 살펴볼 필요가 있다.

율법은 절대로 변하지 않으시는 하나님의 성품에 기초한다.

"나 여호와는 변하지 아니하나니"_말라기 3:6

율법의 지속성은 지금도 유효한 언약을 통해 예시된다.

"양들의 큰 목자이신 우리 주 예수를 영원한 언약의 피로 죽은 자 가운데서 이끌어 내신 평강의 하나님이 모든 선한 일에 너희를 온전하게 하사 자기 뜻을 행하게 하시고 그 앞에 즐거운 것을 예수 그리스도로 말미암아 우리 가운데서 이루시기를 원하노라 영광이 그에게 세세무궁토록 있을지어다 아멘"_히브리서 13:20-21

율법은 영원히 뻗어 있는 다리와 같다. 한 부분만 부서져도 쓸모가 없어진다.

"누구든지 온 율법을 지키다가 그 하나를 범하면 모두 범한 자가 되나니"
_야고보서 2:10

"하나님 앞에서는 율법을 듣는 자가 의인이 아니요 오직 율법을 행하는 자라야 의롭다 하심을 얻으리니"
_로마서 2:13

"그 안에서 발견되려 함이니 내가 가진 의는 율법에서 난 것이 아니요 오직 그리스도를 믿음으로 말미암은 것이니 곧 믿음으로 하나님께로부터 난 의라"_빌립보서 3:9

모세의 율법	그리스도의 사랑의 법
• "간음하지 말라"(출애굽기 20:14). "그 간부와 음부를 반드시 죽일지니라"(레위기 20:10).	• "나는 너희에게 이르노니 음욕을 품고 여자를 보는 자마다 마음에 이미 간음하였느니라"(마태복음 5:28).
• 이혼에 대해서는 "이혼 증서를 써서 그의 손에 주고 그를 자기 집에서 내보낼 것이요 그 여자는 그의 집에서 나가서 다른 사람의 아내가 되려니와"(신명기 24:1-2).	• "내가 너희에게 말하노니 누구든지 음행한 이유 외에 아내를 버리고 다른 데 장가 드는 자는 간음함이니라"(마태복음 19:9).
• "또 옛 사람에게 말한 바 헛맹세를 하지 말고 네 맹세한 것을 주께 지키라 하였다는 것을 너희가 들었으나"(마태복음 5:33). (신명기 23:23를 보라.)	• "나는 너희에게 이르노니 도무지 맹세하지 말지니……오직 너희 말은 옳다 옳다, 아니라 아니라 하라 이에서 지나는 것은 악으로부터 나느니라"(마태복음 5:34, 37).
• "사람이 만일 그의 이웃에게 상해를 입혔으면 그가 행한 대로 그에게 행할 것이니 상처에는 상처로, 눈에는 눈으로, 이에는 이로 갚을지라 남에게 상해를 입힌 그대로 그에게 그렇게 할 것이며"(레위기 24:19-20).	• "나는 너희에게 이르노니 악한 자를 대적하지 말라 누구든지 네 오른편 뺨을 치거든 왼편도 돌려 대며또 너를 고발하여 속옷을 가지고자 하는 자에게 겉옷까지도 가지게 하며"(마태복음 5:39-40).
• "또 네 이웃을 사랑하고 네 원수를 미워하라 하였다는 것을 너희가 들었으나"(마태복음 5:43). (레위기 19:18을 보라.)	• "나는 너희에게 이르노니 너희 원수를 사랑하며 너희를 박해하는 자를 위하여 기도하라"(마태복음 5:44).

삶에 적용하기

오늘날에는 하나님의 율법을 거부하고 율법이 신자들의 삶에 무가치하다고 주장하는 이상한 풍조가 있다. 이 때문에 율법의 바른 관점을 제시하는 그리스도의 명령들에까지 무관심하게 되었다. 예수님께서 당신의 명령들의 뜻을 설명하시면서 율법을 어떻게 사용하셨는지를 아는 것이 중요하다.

1. 구약 율법에 대한 나의 생각은:

____

____

____

____

2. 나는 이제 하나님의 율법을 ____________________로 본다.

3. 지금도 효력이 있는 언약은 다음과 같다.

____

____

____

4. 나는 이번 주에 출애굽기 20-24장과 신명기 1-5장을 읽고 내게 다가오는 핵심 개념들을 목록으로 만들어 하나님의 율법을 존중하겠다.

____

____

____

____

____

하나님의 율법을 존중하기 위한 다짐

☐ 나는 하나님의 율법을 암기하고 묵상하여 그 율법을 존중하겠다.

☐ 나는 사람들에게 그리스도를 알릴 때 하나님의 율법의 중요성을 소홀히 하지 않겠다.

☐ 나는 하나님의 율법을 그리스도의 삶과 행위를 묘사하는그림으로 해석하겠다.

☐ 나는 예수 그리스도의 믿음과 그분께서 내게 명하신 사랑의 행위에 집중하겠다.

☐ 나는 하나님의 율법의 불변하는 원리를 소홀히 여기지 않겠다.

☐ 나는 율법이 이떻게 하나님을 사랑하는 법과 사람을 사랑하는 법을 설명하는지를 공부하겠다.

☐ 나는 구약 율법이 어떻게 오늘날 법률의 기초가 되는지를 공부하겠다. 예를 들어 위험한 동물이 사람을 공격하는 문제에 대한 규정이나 건축용 비계(飛階) 설치법처럼 위험한 작업의 안전 지침을 주는 규정 등을 말한다.

메모

화해하라

그런 다음에 돌아와서 네 예물을 드리라

"그러므로 예물을 제단에 드리려다가 거기서 네 형제에게 원망들을 만한 일이 있는 것이 생각나거든 예물을 제단 앞에 두고 먼저 가서 형제와 화목하고 그 후에 와서 예물을 드리라" -마태복음 5:23-24

화해의 정의

이 명령에서 '화목하다'로 번역된 헬라어 '디알랏소'는 '철저하게 바꾸다'를 뜻한다. 깨진 관계를 회복한다는 뜻이기도 하다. 또 다른 헬라어 '카탈랏소'는 '호의를 회복하다'를 뜻하고, '아포카탈랏소'는 '이전의 화목한 상태로 되돌아가다'를 뜻한다.

탐구 질문:

야곱이 어떻게 했길래 증오로 살인을 계획했던 형이 용서와 형제애로 돌아서게 되었는가?

일반적인 관찰

• 이 명령은 분노에 대한 토론 뒤에 나온다.

화해하라는 명령은 분노에 대한 토론의 결론 부분이다. 예수님께서는 이 토론을 통해 화해를 가로막는 것의 실체를 밝히셨다. 문맥을 잘 살펴보자. "옛 사람에게 말한 바 살인하지 말라 누구든지 살인하면 심판을 받게 되리라 하였다는 것을 너희가 들었으나 나는 너희에게 이르노니 형제에게 노하는 자마다 심판을 받게 되고 형제를 대하여 라가라 하는 자는 공회에 잡혀가게 되고 미련한 놈이라 하는 자는 지옥 불에 들어가게 되리라 **그러므로** 예물을 제단에 드리려다가"(마태복음 5:21-22).

• 화해는 세 가지 요인을 깨달아야 한다.

이 단락은 화해가 필요한 세가지 요인을 제시한다. 다음과 같은 상황이 너무 자주 발생한다.

남편이 아내에게 상처를 준다. 아내는 남편의 공격에 반발하여 남편을 비하하고 마음에서 남편을 끊어낸다. 아내는 남편에게 당한 일 때문에 남편을 끊어내는 것이 정당하다고 생각한다. 그러나 아내는 화해를 위해 세 가지 요인을 처리해야 한다. 그것은 바로 자신의 교만, 분노, 마음에서 남편을 끊어내는 태도이다.

이와 비슷하게 아내에게 상처를 주는 남편은 아내의 태도에 반발하여 아내에게 화를 낸다. 아내를 비하하는 발언을 하기도 한다. 남편은 홧김에 마음에서 아내를

"우리는 자신을 재는 잣대로 똑같이 이웃을 재지 않을 때가 얼마나 많은가!" —토마스 아 켐피스

우리의 마음이
달라지면
주변 사람들에게
전혀 새롭게
반응할 수 있다

끊어낸다. 남편도 자신의 교만, 분노, 마음으로 아내를 끊어내는 태도를 처리하고 화해해야 한다. 이 세 가지 요인을 깨닫지 않으면 갈등은 계속되고 깊어져서 진정한 화해가 절대로 이루어지지 않는다.

- **어느 쪽이든 비하하는 말을 하는 것은 교만이다.**

살인이 잘못이라는 확실한 이해를 바탕으로 예수님께서는 언어 폭력에 대해 말씀하셨다. "나는 너희에게 이르노니 형제에게 노하는 자마다 심판을 받게 되고 형제를 대하여 라가라 하는 자는 공회에 잡혀가게 되고 미련한 놈이라 하는 자는 지옥 불에 들어가게 되리라"(마태복음 5:22).

성경은 칼이나 총으로만이 아니라 우리가 입으로 하는 말로도 살인이 벌어진다고 단언한다. "죽고 사는 것이 혀의 힘에 달렸나니 혀를 쓰기 좋아하는 자는 혀의 열매를 먹으리라"(잠언 18:21).

'라가'와 '미련한 놈'이라는 말이 무엇을 뜻하길래 이런 말을 쓰는 사람을 하나님께서 그렇게 엄하게 심판하시는가? '라가'는 칼데아어로 '골 빈 놈'이라는 뜻이다. 조롱과 모욕의 표현으로 무가치하다는 말이다. '미련한 놈'으로 번역된 헬라어 '모로스'는 '얼간이, 멍청이, 돌대가리'를 뜻한다.

이런 단어를 사용하는 사람은 스스로 교만과 거만에 빠져 있다. 교만은 다툼만 일으킨다. (잠언 13:10을 보라.)

하나님께서는 교만을 미워하시고 대개 다른 어떤 죄보다 신속히 심판하신다. 바로 이 교만을 통해 우리가 스스로 하나님의 지위에 오르기 때문이다. 헤롯 왕이 대단한 연설을 하고 나서 바로 이 교만에 빠졌다. "헤롯이 날을 택하여 왕복을 입고 단상에 앉아 백성에게 연설하니 백성들이 크게 부르되 이것은 신의 소리요 사람의 소리가 아니라 하거늘 헤롯이 영광을 하나님께로 돌리지 아니하므로 주의 사자가 곧 치니 벌레에게 먹혀 죽으니라"(사도행전 12:21-23).

소돔과 고모라의 사악함에 경악하는 우리는 불과 유황으로 모든 주민을 멸하시는 하나님의 정의를 당연시한다.

화해를 못하면, 하나님께서 외면하시고 사람들이 경멸하는 위선적 예배를 드리게 된다.

"너희가 서로 사랑하면 이로써 모든 사람이 너희가 내 제자인 줄 알리라"
_요한복음 13:35

그러나 우리도 그들과 근본적으로 같은 죄를 지을 때가 많다. 하나님께서 언급하신 소돔 사람들의 여섯 가지 죄는 모두 교만을 나타낸다. "네 아우 소돔의 죄악은 이러하니 그와 그의 딸들에게 교만함과 음식물의 풍족함과 태평함이 있음이며 또 그가 가난하고 궁핍한 자를 도와 주지 아니하며 거만하여 가증한 일을 내 앞에서 행하였음이라 그러므로 내가 보고 곧 그들을 없이 하였느니라"(에스겔 16:49-50).

• 어떻게 교만이 분노로 이어지는가?

교만은 우리 자신을 남보다 높이고 심지어 하나님의 지위에까지 오르게 하기 때문에 우리는 스스로 올려 놓은 자신의 지위를 누군가 공경하거나 존중하지 않으면 자연히 분노를 품는다. 이러한 분노는 말이나 행동으로 나타난다. 분노는 마음으로 전달되기도 한다.

홧김에 다른 사람을 '미련한 놈'이라고 하는 사람은 자기 자신을 심판하는 것이다. "노는 우매한 자들의 품에 머무름이니라"(전도서 7:9). 미련한 자의 입술은 다툼을 일으켜 사이만 나빠진다. (잠언 18:6을 보라.)

• 어떻게 분노가 마음에서 상대방을 끊어내게 하는가?

하나님만 화를 낼 권리가 있으시다. 그러므로 분노의 감정을 느낄 때는 해가 지기 전에 빨리 처리해야 한다. 그렇지 않으면 마귀에게 기회를 내준다. 따라서 성경은 이렇게 말한다. "해가 지도록 분을 품지 말고 마귀에게 틈을 주지 말라……너희는 모든 악독과 노함과 분냄과 떠드는 것과 비방하는 것을 모든 악의와 함께 버리고"(에베소서 4:26-27, 31).

화를 품고 화를 내는 것은 일종의 보복이다. 하나님께서는 분명히 말씀하셨다. "원수 갚는 것이 내게 있으니 내가 갚으리라고 주께서 말씀하시니라"(로마서 12:19). 분노는 마음에서 상대방을 끊어내게 한다.

• 마음에서 상대방을 끊어내는 것은 그 사람 없이 지내겠다는 뜻이다.

교만의 극단적 행동은 하나님께서 우리의 삶에 두신 사람들을 불필요하게 여기는 것이다. 그러나 우리가 하나님께 속했다면 우리는 그리스도의 몸의 지체이다. 모든 지체는 다른 모든 지체가 필요하다. 우리가 다른 사람 없이 지낼 수 있다고 믿는 것은 사탄의 속임수이다.

"눈이 손더러 내가 너를 쓸 데가 없다 하거나 또한 머리가 발더러 내가 너를 쓸 데가 없다 하지 못하리라 그뿐 아니라 더 약하게 보이는 몸의 지체가 도리어 요긴하고 우리가 몸의 덜 귀히 여기는 그것들을 더욱 귀한 것들로 입혀 주며 우리의 아름답지 못한 지체는 더욱 아름다운 것을 얻느니라"(고린도전서 12:21-23).

• 마음에서 상대방을 끊어내는 것이 어떻게 살인이 되는가?

머릿속으로 미리 살인을 계획하여

부모 세대에서 화해가 이루어지지 않으면 자녀 세대에서 갈등은 더욱더 커진다.

"아무에게도 악을 악으로 갚지 말고……할 수 있거든 너희로서는 모든 사람과 더불어 화목하라"
_로마서 12:17-18

과거 상처의 모든 기억은 분리의 벽을 쌓는 벽돌과 같다.

"노엽게 한 형제와 화목하기가 견고한 성을 취하기보다 어려운즉"
_잠언 18:19

주 네 하나님을 사랑하라
(찬송가 218장)

널 미워 해치는 원수라도
언제나 너그럽게 사랑하라
널 핍박하는 자 위해서도
신실한 맘으로 복을 빌라
주께서 우리게 명하시니
그 명령 따라서 살아가리

_정용철

나의 생명 드리니
(찬송가 213장)

나의 음성 드리니
주여 받아 주셔서
주의 진리 말씀만
전파하게 하소서

나의 의지 드리니
주여 받아 주셔서
나의 맘이 주님의
보좌 되게 하소서

_프란시스 리들리 하버겔

상대방의 생명을 끝내려는 사람은 마음에서 상대방을 끊어내는 사람과 똑같은 결정을 내린다. 즉 "이제 더는 네가 필요하지 않으니 내가 너를 처벌하겠어!"라는 결정이다. 그러므로 성경에서 "그 형제를 미워하는 자마다 살인하는 자"라고 하는 것이 당연하다(요한일서 3:15).

• 하나님께서는 어떻게 우리의 관심을 끌어 화해하게 하시는가?

화해하라는 명령은 우리가 하나님을 예배하려다가 형제에게 원망들을 만한 일이 생각나면 예물을 제단 앞에 놓아두고 먼저 가서 형제와 화해해야 한다는 뜻이다. 이것은 우리가 하나님을 예배하려고 할 때 화해의 필요성을 생각나게 하시는 하나님의 방법이다. 우리는 하나님을 더 잘 섬김으로 우리의 잘못을 보상하려는 성향이 있다. 그러나 하나님께서는 우리가 하나님께 제물을 드리는 것보다 우리가 상처 준 사람들과 교제하기를 더 원하신다고 하신다. "순종이 제사보다 낫고"(사무엘상 15:22).

더욱이 마음에서 어떤 사람을 끊어내고 나서 하나님을 예배하려는 것은 위선이다. 하나님께서는 물으신다. "누구든지 하나님을 사랑하노라 하고 그 형제를 미워하면 이는 거짓말하는 자니 보는 바 그 형제를 사랑하지 아니하는 자는 보지 못하는 바 하나님을 사랑할 수 없느니라 우리가 이 계명을 주께 받았나니 하나님을 사랑하는 자는 또한 그 형제를 사랑할지니라"(요한일서 4:20-21).

화해를 무시하는 예배는 참된 예배가 아니다. 하나님을 예배하는 참된 예배의 핵심은 사람들과의 화목이다. 베드로는 남편들에게 "기도가 막히지 않게" 아내와 바른 관계를 맺으라고 권면하면서 이 점을 강조했다. (베드로전서 3:7, 골로새서 3:19을 보라.)

• 하나님께서는 우리의 예배보다 우리의 화해에 관심이 더 많으시다.

우리는 하나님께 우리의 존경, 우리의 노래, 우리의 돈, 우리의 시간, 우리의 섬김 등 드리고 싶은 것이 많다. 그러나 화해하라는 명령은 우리의 예물을 제단 앞에 놓아두고 우리가 잘못한 형제와 먼저 화해하고 그 다음에 돌아와서 예물을 드리라고 말한다.

• 잘못된 초점이 어떻게 화해를 가로막는가?

우리는 누군가에게 상처를 받으면 자연히 상대방이 얼마나 잘못했는지에 초점을 맞추게 된다. 그러나 우리가 보지 못하는 부분이 있는데 바로 우리가 반발하거나 교만하거나 사랑하지 못한 것도 하나님께서 보시기에는 잘못이고 상대방은 이것을 더 큰 잘못으로 본다는 사실이다. 쟁점은 누가 옳고 누가 그르냐가 아니다. 화해를 이루려면 각자 자기가 상대방에게 어떻게 반응했는지에 초점을 맞춰야 한다. 가장 중요한 점은 우리가 그리스도처럼 반응했느냐이다. 우리가 그리스도처럼 반응하지 않았으면 상대방이 아무리 잘못했어도 우리는 우리가 옳다고 주장할 수 없다.

우리가 자신의 잘못에 집중하지 않으려는 생각이 바로 교만과 독선의 증거이다. 우리의 잘못에 책임을 질 때만 참된 화해를 이루고 우리가 상대방과 하나님께 죄를 지었다는 사실을 깨달을 수 있다.

화해의 원리

상처를 입은 사람과 화해하기는 견고한 성을 정복하기보다 어렵기도 하다. "노엽게 한 형제와 화목하기가 견고한 성을 취하기보다 어려운즉 이러한 다툼은 산성 문빗장 같으니라"(잠언 18:19).

성경 시대에 견고한 성을 정복하는 방법은 세 가지였다. 첫 번째는 성벽을 급습하는 방법이었다. 이 방법은 대개 피비린내 나는 참극을 불러 양측 모두 엄청난 손실을 입는다. 두 번째는 성을 포위하여 주민들의 보급을 차단하는 방법이었다. 어떤 면에서 이것은 탕자가 아버지와 화해하는 계기가 되었다.

세 번째 전략은 성문이나 성벽에 열려 있는 쪽문을 찾는 방법이었다. 깊게 상처 입은 사람들은 때로 쪽문을 열어 놓는데 우리가 이것을 깨닫고 잘 대응하면 화해가 이루어진다.

야곱과 에서는 원망과 증오에서 벗어나 다 용서하는 마음으로 서로의 목을 끌어안고 한참 울었다. 이렇게 훌륭한 화해를 이루는 과정은 모든 화해에 대한 일반 지침이다.

1. 화해는 우리가 제대로 해결하지 않은 잘못에 대한 하나님의 책망에서 비롯된다.

잘못을 계속 허용하면 상황은 나아지지 않고 나빠지기만 한다. 사실 하나님께서는 반드시 이렇게 하셔서 우리가 어려움과 슬픔 때문에 어쩔 수 없이 겸손히 자기를 낮추고, 상처를 입은 자와 하나님을 위해 상황을 바로잡을 수밖에 없게 하신다.

야곱의 경우가 그랬다. 야곱은 아버지를 속이고 형의 복을 가로챘다. 그래서 어쩔 수 없이 외삼촌 라반에게 도망칠 수밖에 없었다. 라반과 야곱은 20년 내내 계속 서로 속이다가 끝내 야곱은

남을 비난하며 손가락질하는 사람의 나머지 세 손가락은 역으로 자기 자신을 가리킨다.

깨끗한 양심은 매우 중요해서 하나님께서는 그것이 없으면 신자의 믿음이 파선한다고 말씀하셨다.

"이것으로 말미암아 나도 하나님과 사람에 대하여 항상 양심에 거리낌이 없기를 힘쓰나이다"_사도행전 24:16

"믿음과 착한 양심을 가지라 어떤 이들은 이 양심을 버렸고 그 믿음에 관하여는 파선하였느니라"_디모데전서 1:19

그리스도께서는 섬김을 받으러 오신 것이 아니라 섬기러 오셨다. 또한 우리에게 종으로 살라고 명하신다. 특히 우리에게 잘못을 범한 사람들을 섬기는 자가 되라고 하신다.

"형제를 사랑하여 서로 우애하고 존경하기를 서로 먼저 하며"_로마서 12:10

"내게 주신 은혜로 말미암아 너희 각 사람에게 말하노니 마땅히 생각할 그 이상의 생각을 품지 말고" _로마서 12:3

어쩔 수 없이 라반에게서 도망쳤지만 그 결과로 자기를 죽이려고 오는 형을 만나야 했다.

현명한 사람은 삶의 차질이 생길 때 그것을 하나님께서 주신 것으로 혹은 성품을 기를 기회로 혹은 회개하고 하나님께 돌아오라는 뜻의 책망으로 인식한다.

2. 화해는 자기를 철저히 살피는 데서 시작된다.

다윗은 화해의 기초를 이렇게 밝혔다. "하나님이여 나를 살피사 내 마음을 아시며 나를 시험하사 내 뜻을 아옵소서 내게 무슨 악한 행위가 있나 보시고 나를 영원한 길로 인도하소서"(시편 139:23-24).

이 성찰을 통해 우리의 말과 행동을 상대방의 관점에서 평가하고 어떤 점에서 참된 사랑을 보여주지 못했는지를 살펴야 한다. 참된 사랑은 이기적이지 않다. 야곱이 에서와 라반에게 잘못한 부분은 자기가 마땅히 섬겨야 할 사람들에게 베풀기보다 자신과 자신의 야망을 위해 소유하는 데에 더 관심을 쏟았다는 점이다. 사랑의 본질은 보답을 바라지 않고 베풀면서 하나님의 나라를 확장하고 하나님께서 우리의 모든 필요를 채우시게 하는 것이다. (마태복음 6:33을 보라.)

3. 화해는 우리에게 하나님께 부르짖으라고 요구한다.

야곱은 화해가 이루어지려면 하나님께서 나서셔야 한다는 사실을 알았다. 이를 바탕으로 그는 이렇게 말했다. "내 조부 아브라함의 하나님, 내 아버지 이삭의 하나님 여호와여 주께서 전에 내게 명하시기를 네 고향, 네 족속에게로 돌아가라 내가 네게 은혜를 베풀리라 하셨나이다 나는 주께서 주의 종에게 베푸신 모든 은총과 모든 진실하심을 조금도 감당할 수 없사오나 내가 내 지팡이만 가지고 이 요단을 건넜더니 지금은 두 떼나 이루었나이다 내가 주께 간구하오니 내 형의 손에서, 에서의 손에서 나를 건져내시옵소서 내가 그를 두려워함은 그가 와서 나와 내 처자들을 칠까 겁이 나기 때문이니이다 주께서 말씀하시기를 내가 반드시 네게 은혜를 베풀어 네 씨로 바다의 셀 수 없는 모래와 같이 많게 하리라 하셨나이다"(창세기 32:9-12).

야곱이 하나님께 부르짖었을 때 그의 기도는 뜨거웠고 효과적이었다. 야고보서 5장 16절은 잘못을 처리하는 맥락에서 나온 교훈이다. "그러므로 너희 죄를 서로 고백하며 병이 낫기를 위하여 서로 기도하라 의인의 간구는 역사하는 힘이 큼이니라"

부르짖음은 본질상 열렬해야 한다. 이스라엘은 크게 부르짖음으로 여리고성을 정복했다. 하나님께서는 우리에게 부르짖으라고 요청하신다. 하나님께서는 우리를 구원하셔서 우리가 하나님을 찬양하게 하신다. (시편 50:15을 보라.) 화해를 하려고 할 때 이렇게 부르짖는 것이 바람직하다. "하나님,

우리를 다툼에서 건져주시고 화평으로 인도하시기를 예수님의 영광을 위해 예수님의 이름으로 간구합니다."

4. 화해는 하나님께 드리듯 우리가 잘못을 범한 사람에게 열심히 선물을 주는 것이기도 하다.

"은밀한 선물은 노를 쉬게 하고 품 안의 뇌물은 맹렬한 분을 그치게 하느니라"(잠언 21:14). 베푸는 삶은 변화된 마음을 보여주는 탁월한 방법이므로 하나님께서 기회를 주시거나 필요를 알려주시는 대로 해야 한다. 목표는 우리가 잘못을 범한 사람을 '매수'하는 것이 아니라 '회개에 합당한 열매'를 맺는 것이다. (누가복음 3:8을 보라.)

남의 것을 빼앗은 잘못이 있다면 빼앗은 것이나 훼손한 것을 배상해야 한다. 당장 보상할 능력이 없을 경우도 있다. 그렇다면 보상할 의지가 있고 어떻게 보상할 계획인지를 밝혀야 한다. 참된 배상을 하려면 피해자의 가슴에 와 닿을 정도로 희생을 감수해야 한다. 그래야 바른 마음을 확실히 보여주게 된다.

야곱은 형에게 깜짝 놀랄 선물을 주는 것에서 그치지 않고 배상까지 해야 한다는 점을 깨달았다.

야곱은 형을 위해 선물을 준비했다. "암염소가 이백이요 숫염소가 이십이요 암양이 이백이요 숫양이 이십이요 젖 나는 낙타 삼십과 그 새끼요 암소가 사십이요 황소가 열이요 암나귀가 이십이요 그 새끼 나귀가 열이라 그것을 각각 떼로 나누어 종들의 손에 맡기고 그의 종에게 이르되 나보다 앞서 건너가서 각 떼로 거리를 두게 하라 하고"(창세기 32:14-16).

5. 화해는 모든 교만을 섬김의 마음으로 바꾸도록 요구한다.

야곱은 형과의 화해를 준비할 때 심부름꾼들에게 지시하길, 자기 형에게 자기를 동생이 아니라 종으로 고하라 했다. "너희는 내 주 에서에게 이같이 말하라 주의 종 야곱이 이같이 말하기를 내가 라반과 함께 거류하며 지금까지 머물러 있었사오며"(창세기 32:4).

야곱은 마지막에 직접 형을 만나서도 자기를 형의 동생이 아니라 형의 종으로 밝혔다. "에서가 눈을 들어 여인

화해는 옳을 권리를 포기하는 것이다.

"교만에서는 다툼만 일어날 뿐이라"_잠언 13:10

하나님께서는 모든 다툼의 기본 규칙을 주셨다. 해가 질 때까지 분을 품지 말라.

"분을 내어도 죄를 짓지 말며 해가 지도록 분을 품지 말고"_에베소서 4:26

"너희 중에 싸움이 어디로부터 다툼이 어디로부터 나느냐 너희 지체 중에서 싸우는 정욕으로부터 나는 것이 아니냐……그러나 더욱 큰 은혜를 주시나니 그러므로 일렀으되 하나님이 교만한 자를 물리치시고 겸손한 자에게 은혜를 주신다 하였느니라"_야고보서 4:1, 6

화해는 자비와 겸손과 배상이라는 선물을 요구한다.

"은밀한 선물은 노를 쉬게 하고 품 안의 뇌물은 맹렬한 분을 그치게 하느니라"
_잠언 21:14

"네 원수가 주리거든 먹이고 목마르거든 마시게 하라 그리함으로 네가 숯불을 그 머리에 쌓아 놓으리라"
_로마서 12:20

들과 자식들을 보고 묻되 너와 함께 한 이들은 누구냐 야곱이 이르되 하나님이 주의 종에게 은혜로 주신 자식들이니이다"(창세기 33:5).

이것은 주 예수 그리스도의 성품을 드러내는 데에 꼭 필요한 자세이다. 예수님께서는 스스로 당신을 비우시어 종의 모습을 취하셨기 때문이다. (빌립보서 2:7을 보라.) 다툼이 시작되는 원인은 십중팔구 종의 자세가 없어서이기 때문에 우리는 반드시 이 마음을 가져야 한다.

6. 화해는 진실한 회개를 요구한다.

참된 회개는 우리가 다윗이 다음과 같이 고백하면서 회개한 자리로 나아갈 때 이루어진다. "내가 주께만 범죄하여 주의 목전에 악을 행하였사오니 주께서 말씀하실 때에 의로우시다 하고 주께서 심판하실 때에 순전하시다 하리이다"(시편 51:4).

분명 다윗은 밧세바와 그녀의 죽은 남편, 그녀의 할아버지 아히도벨과 그 집안의 모든 가족들을 비롯해 많은 사람에게 잘못을 범했다. 그러나 다윗의 일차 잘못은 하나님께 범한 잘못이었다. 하나님께서는 그들을 창조하시고 사랑하신 분이시고 다윗의 이기적 욕망이 아니라 당신의 목적을 위해 그들을 만드신 분이시기 때문이다. (사무엘하 11-12장을 보라.)

다른 사람과의 화해는 하나님께 잘못을 고백하고 하나님과의 관계가 회복되지 않는 한 절대로 온전히 이루어질 수 없다. 화해는 하나님께서만 주실 수 있는 회개의 영 안에서 완성된다. 누군가 하나님께 범한 자신의 잘못을 깨달았다면 그것은 하나님께서 우리의 마음속에서 일하신 증거이다.

야곱이 드디어 형을 만났을 때 의미심장한 말을 했다. 야곱은 에서의 얼굴을 보고 자기가 잘못을 범한 하나님의 얼굴을 떠올렸다. "내가 형님의 눈앞에서 은혜를 입었사오면 청하건대 내 손에서 이 예물을 받으소서 내가 형님의 얼굴을 뵈온즉 하나님의 얼굴을 본 것 같사오며 형님도 나를 기뻐하심이니이다"(창세기 33:10).

7. 화해는 상처를 입은 사람에게서 완전히 해방될 것을 요구한다.

때로 우리는 용서를 구했고 아마도 용서를 받았으니까 화해가 이루어졌다고 생각한다. 그러나 우리에게 상처를 입은 사람은 우리에게서 자기가 기대하는 마음의 변화와 진실성과 회개를 보지 못해서 아직 우리를 완전히 풀어주지 않았기 때문에 여전히 반감이 남아 있기도 하다. 상대방이 완전히 회복되도록 우리가 이런 품성을 보이는 것이 중요하다.

야곱은 하나님께 부르짖고 배상하고 천사와 씨름한 후에 에서를 만났을 때 에서에게 절하고 나서 아내와 자녀들까지 모두 절하게 하여 겸손을 보였다. 이런 자세는 부러진 엉덩이뼈로 절뚝거리는 모습과 더불어 화해에 한 몫을 톡톡히 했다.

"야곱이 눈을 들어 보니 에서가 사백 명의 장정을 거느리고 오고 있는지라 그의 자식들을 나누어 레아와 라헬과 두 여종에게 맡기고 여종들과 그들의 자식들은 앞에 두고 레아와 그의 자식들은 다음에 두고 라헬과 요셉은 뒤에 두고 자기는 그들 앞에서 나아가되 몸을 일곱 번 땅에 굽히며 그의 형 에서에게 가까이 가니 에서가 달려와서 그를 맞이하여 안고 목을 어긋맞추어 그와 입맞추고 서로 우니라 에서가 눈을 들어 여인들과 자식들을 보고 묻되 너와 함께 한 이들은 누구냐 야곱이 이르되 하나님이 주의 종에게 은혜로 주신 자식들이니이다 그 때에 여종들이 그의 자식들과 더불어 나아와 절하고 레아도 그의 자식들과 더불어 나아와 절하고 그 후에 요셉이 라헬과 더불어 나아와 절하니 에서가 또 이르되 내가 만난 바 이 모든 떼는 무슨 까닭이냐 야곱이 이르되 내 주께 은혜를 입으려 함이니이다 에서가 이르되 내 동생아 내게 있는 것이 족하니 네 소유는 네게 두라 야곱이 이르되 그렇지 아니하니이다 내가 형님의 눈앞에서 은혜를 입었사오면 청하건대 내 손에서 이 예물을 받으소서 내가 형님의 얼굴을 뵈온즉 하나님의 얼굴을 본 것 같사오며 형님도 나를 기뻐하심이니이다 하나님이 내게 은혜를 베푸셨고 내 소유도 족하오니 청하건대 내가 형님께 드리는 예물을 받으소서 하고 그에게 강권하매 받으니라"(창세기 33:1-11).

화해는 하나님의 목적이 세상에서 이루어지게 한다.

불신자들과 화해하는 목적은 그들이 신자가 되는 데에 걸림돌이 되지 않기 위해서이다. 불신자들이 신자들에게 받은 상처는 대개 사탄의 농간으로 그들이 우리의 메시지를 부정하고 그리스도의 오심을 거부하는 이유가 된다.

신자들이 서로 화해하는 목적은 그리스도의 몸을 각 지체끼리 서로 조화롭게 기능하게 하고 그리스도의 몸의 건강과 기능에 필요한 것들을 공급하는 데 있다.

제자들에 대한 예수님의 궁극적인 목표는 당신과 아버지께서 하나이듯

하나님께 얼마나 큰 빚을 졌는지를 깨달으면 자신의 잘못을 깨끗이 해결하고 싶어진다.

"하늘이 그의 공의를 선포하리니 하나님 그는 심판장이심이로다" _시편 50:6

잘못은 가까이서 볼수록 더욱더 크고 추하게 보인다. 우리가 잘못을 범한 사람을 보는 관점도 마찬가지이다.

"송사에서는 먼저 온 사람의 말이 바른 것 같으나 그의 상대자가 와서 밝히느니라"_잠언 18:17

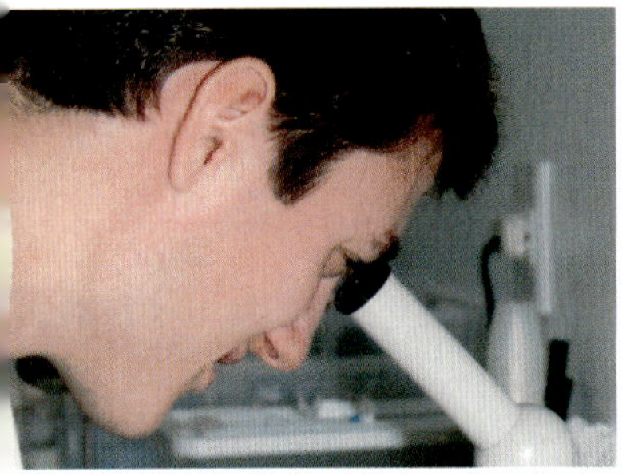

평화를 이루는 사람은 자신의 잘못을 크게 보고 상대방의 잘못을 작게 본다.

"어찌하여
형제의 눈 속에 있는
티는 보고
네 눈 속에 있는
들보는 깨닫지 못하느냐"
_마태복음 7:3

당신의 제자들이 하나가 되는 것이었다. 이로써 불신자들은 하나님께서 예수님을 세상에 보내신 것과 예수님께서 그들에게 살아 계신 구세주이심을 깨달을 것이다.

그리스도께서는 이렇게 기도하셨다. "아버지여, 아버지께서 내 안에, 내가 아버지 안에 있는 것 같이 그들도 다 하나가 되어 우리 안에 있게 하사 세상으로 아버지께서 나를 보내신 것을 믿게 하옵소서"(요한복음 17:21).

화해하라는 명령은 그리스도를 어떻게 드러내는가?

우리가 밟아야 할 화해의 과정과 예수님의 초기 사역의 과정 사이에 유사점이 있다.

1. 예수님께서는 화해를 주도하셨다.

화해는 어느 한쪽이 먼저 관계를 회복하려고 앞장서야 시작된다. 예수님께서는 죄가 없으시지만 우리의 모든 죄를 짊어지셔서 우리 모두의 모범이 되셨다. 예수님의 죽음에 원인을 제공한 우리는 우리의 잘못을 얼마나 더 철저히 책임져야 하겠는가!

역사상 가장 위대한 화해는 거룩하신 하나님께서 죄인인 인간과 화해하신 것이다. 예수 그리스도께서는 위대한 화해자이시다. 예수님께서는 세상에 오심으로 화해를 주도하셨다. "곧 하나님께서 그리스도 안에 계시사 세상을 자기와 화목하게 하시며 그들의 죄를 그들에게 돌리지 아니하시고 화목하게 하는 말씀을 우리에게 부탁하셨느니라"(고린도후서 5:19).

책임감 *vs. 무책임*

책임감은 하나님과 다른 사람들이 나에게 무엇을 기대하는지를 알고 행하는 것이다.

책임감은 마땅히 해야 할 일을 하고 싶지 않을 때에도 하는 것이다.

책임감은 내가 하겠다고 말한 일만 하지 않고 내가 마땅히 해야 한다고 아는 일을 하는 것이다.

"그리고 맡은 자들에게 구할 것은 충성이니라"_고린도전서 4:2

2. 예수님께서는 당신을 스스로 낮추셨다.

예수님께서는 진정한 화해를 위해 우리가 가져야 할 마음자세를 보여주셨다. 그것은 바로 참된 겸손이다. "너희 안에 이 마음을 품으라 곧 그리스도 예수의 마음이니 그는 근본 하나님의 본체시나 하나님과 동등됨을 취할 것으로 여기지 아니하시고 오히려 자기를 비워 종의 형체를 가지사 사람들과 같이 되셨고 사람의 모양으로 나타나사 자기를 낮추시고 죽기까지 복종하셨으니 곧 십자가에 죽으심이라"(빌립보서 2:5-8).

예수님께서 보여주신 겸손은 우리의 유한한 이성으로는 도저히 이해할 수 없을 정도로 위대하다. 예수님께서는 하늘의 모든 영광과 영예를 버리고 가난한 가정에서 나약한 아기로 태어나셨고 동족도 꺼리는 비천한 마을에서 성장하셨다. 그러나 무엇보다 가장 큰 겸손은 예수님께서 십자가에서 견디신 참혹한 고통과 치욕스런 죽음이었다.

우리는 예수님의 본을 따라 화해를 위해 우리 자신을 철저히 낮춰야 한다. 우리가 상대방에게 어떤 잘못을 범했는지를 알았다면 겸손하게 그 잘못에 대한 모든 책임을 져야 한다. 그러나 상대방은 우리에게 원망을 품고 있는데 우리가 무엇 때문인지를 모른다면 우리는 겸손히 우리가 무엇을 잘못했는지를 묻고 인내심을 가지고 상대방의 대답을 잘 들어야 한다.

3. 예수님께서는 사랑과 진리로 분리의 벽을 허무셨다.

예수님께서는 하나님이시므로 우리에게 당신을 인정하고 당신께서 우리를 위해 하신 일을 받아들이라고 당당히 요구하실 수도 있었다. 그러나 예수님께서는 우리에게 당신의 필요성을 깨우치시고 우리와 화해하시고 싶은 당신의 심정을 보여주실 기회를 찾으시며 기다리신다.

4. 배상하셨다.

예수님께서는 하나님께서 요구하시는 우리의 모든 죗값을 다 치르셨다. 바로 예수님의 죽음을 통해 우리가 구원받았다. 베드로는 이렇게 설명한다. "너희가 알거니와 너희 조상이 물려 준 헛된 행실에서 대속함을 받은 것은 은이나 금 같이 없어질 것으로 된 것이 아니요 오직 흠 없고 점 없는 어린 양 같은 그리스도의 보배로운 피로 된 것이니라"(베드로전서 1:18-19).

5. 예수님께서는 우리의 화해를 위해 고뇌하셨다.

야곱이 에서를 만나기 전날 밤에 천사와 씨름했듯이 예수님께서는 십자가에 처형되기 전날 밤에 고뇌와 씨름하며 기도하셨다. 예수님께서 죽음으로 화해를 이루기 위해 당신을 하늘 아버지께 맡기실 때 "땀이 땅에 떨어지는 핏방울 같이 되었다"(누가복음 22:44).

어떤 사람은 화해하고 싶다고 하면서 상대방의 잘못을 끊임없이 되뇌기만 한다. 하나님께서는 화해하실 때 동이 서에서 무한히 멀 듯 우리의 죄를 분리해 놓으셨다.

"동이 서에서 먼 것 같이 우리의 죄과를 우리에게서 멀리 옮기셨으며" _시편 103:12

"다시 우리를 불쌍히 여기셔서 우리의 죄악을 발로 밟으시고 우리의 모든 죄를 깊은 바다에 던지시리이다" _미가 7:19

하나님을 나타내는 이름

여호와 샬롬: 하나님은 평화이시다.

"기드온이 여호와를 위하여 거기서 제단을 쌓고 그것을 여호와 살롬이라 하였더라"_사사기 6:24

예수 그리스도는 우리의 중재자이시다.

"하나님은 한 분이시요 또 하나님과 사람 사이에 중보자도 한 분이시니 곧 사람이신 그리스도 예수라 그가 모든 사람을 위하여 자기를 대속물로 주셨으니 기약이 이르러 주신 증거니라"_디모데전서 2:5-6

"이는 한 아기가 우리에게 났고……그의 이름은 기묘자라, 모사라, 전능하신 하나님이라, 영존하시는 아버지라, 평강의 왕이라 할 것임이라"_이사야 9:6

우리는 하나님께서 우리에게 베푸신 자비를 주변 사람들에게 나누는 것으로 새날을 시작해야 한다.

"여호와의 인자와 긍휼이 무궁하시므로 우리가 진멸되지 아니함이니이다 이것들이 아침마다 새로우니 주의 성실하심이 크시도소이다"

_예레미야애가 3:22-23

6. 예수님께서는 우리의 죄를 완전히 용서하시고 무조건적인 사랑을 보여주셨다.

하나님께서는 자기 죄를 인정하고 그 책임을 시인하고 용서를 구하는 자들을 완전히 용서하신다.

예수님께서는 하늘 아버지와 화해할 길을 제공하실 뿐 아니라 그분과 화해한 자들에게 선물을 주셔서 당신께서 완전히 용서하시고 교제를 회복하셨음을 증명하신다. "그가 위로 올라가실 때에 사로잡혔던 자들을 사로잡으시고 사람들에게 선물을 주셨다"(에베소서 4:8).

예수님의 가장 중요한 선물은 성령이다. 우리는 성령과 더불어 로마서 12장, 고린도전서 12장, 에베소서 4장에 나열된 성령의 선물을 받는다.

7. 예수님께서는 그리스도의 몸을 통해 교제를 강화하신다.

하나님과 화해한 사람은 모두 그리스도의 몸의 지체와 믿음의 가족공동체의 일원이 된다. 우리는 그리스도를 머리로 모시고 끊임없이 서로 교제하며 성장하도록 부름을 받았다. 예수님께서는 또한 "우리가 다 하나님의 아들을 믿는 것과 아는 일에 하나가 되어 온전한 사람을 이루어 그리스도의 장성한 분량이 충만한 데까지"(에베소서 4:13) 이르도록 섬기라고 지도자들을 선물로 주셨다.

삶에 적용하기

그리스도의 참된 제자가 되는 데에 가장 큰 적은 남을 용서하지 못하는 것이다. 예수님께서는 남을 사랑하는 것이 참된 제자의 징표라고 말씀하셨다. 그러므로 우리는 화해하라는 명령과 이를 따르는 품성에 관한 말씀을 잘 듣는 것이 마땅하다. 다음 적용을 완수하고 결과를 꼭 나누라.

1. 내가 싫어하는 사람들을 생각하면 ____________________(성명)이 떠오른다.

2. 나는 이 사람을 □매일 □매주 □매달 생각한다.

3. 우리는 다음 사항에 상당한 의견 차이를 보인다.

____

____

____

4. 우리가 화해하기 위해서 나는 다음 사항을 해야 한다.

____

____

____

5. 나는 화해를 주도하기 위해 지혜와 용기를 달라고 기도해야 한다.

____

____

____

____

화해를 위한 다짐

☐ 나는 그리스도 안에서 형제나 자매에게 분노나 원망을 품지 않겠다.

☐ 나는 화해를 예배보다 훨씬 중요시하겠다.

☐ 나는 나의 태도나 행동에 상처를 입은 사람들과 문제를 해결하는 데 앞장서겠다.

☐ 나는 내게 상처 입은 형제나 자매와 화해하기 위해 하나님께 부르짖겠다.

☐ 나는 내게 상처를 입힌 사람들을 마음속에서 놓아주겠다.

☐ 나는 선물을 통해 화해의 진심을 보이겠다.

☐ 나는 내게 "너는 잘못을 저지르고도 바로잡지 않았어!"라고 손가락질할 만한 사람이 누가 있을지 생각나게 해 달라고 하나님께 간구하겠다.

메모